全 世 界 无 产 者 ， 联 合 起 来 ！

列　宁

社会民主党在
民主革命中的两种策略

中共中央　马克思　恩格斯　著作编译局编译
　　　　　　列　宁　斯大林

人民出版社

编 辑 说 明

马克思、恩格斯和列宁的著作是马克思主义的理论原典,是学习、研究、宣传和普及马克思主义的基础文献。为了适应马克思主义中国化、时代化、大众化不断推进的形势,满足广大读者多层次的需求,我们总结了迄今为止的编译经验,考察了国内外出版的有关读物,吸收了理论界提出的宝贵建议,精选马克思、恩格斯和列宁的重要著述,编成《马列主义经典作家文库》。

文库辑录的文献分为三个系列:一是著作单行本,收录经典作家撰写的独立成书的重要著作;二是专题选编本,收录经典作家集中论述有关问题的短篇著作和论著节选;三是要论摘编本,辑录经典作家对有关专题的论述,按逻辑结构进行编排。

文库编辑工作遵循面向实践、贴近群众的原则,力求在时代特色、学术质量、编排设计方面体现新的水准。

本系列是《马列主义经典作家文库》的著作单行本,主要收录马克思、恩格斯和列宁的基本著作以及在各个历史时期的代表性著作,同时收入马克思、恩格斯和列宁在不同时期为这些著作撰写的序言、导言或跋。有些重点著作还增设附录,收入对理解和研究经典著作正文有重要参考价值的文献和史料。列入著作单行本系列的文献一般都是全文刊行,只有马克思恩格斯的《德意志意识形态》、马克思的经济学手稿以及列宁的《哲学笔记》等篇幅较大的著作采用节选形式。

著作单行本系列所收的文献均采用马克思、恩格斯和列宁著作最新版本的译文,以确保经典著作译文的统一性和准确性。自1995年起,由我局编译的《马克思恩格斯全集》第二版陆续问世,迄今已出版24卷;从2004年起,我们又先后编译并出版了《马克思恩格斯文集》和《马克思恩格斯选集》第三版。著作单行本系列收录的马克思恩格斯著作采用了上述最新版本的译文,对未收入上述版本的马克思恩格斯著作的译文,我们按照最新版本的编译标准进行了审核和修订;列宁著作则采用由我局编译的《列宁全集》第二版、第二版增订版和《列宁选集》第三版修订版译文。

著作单行本系列采用统一的编辑体例。每本书正文前面均刊有《编者引言》,简要地综述相关著作的时代背景、理论观点和历史地位,帮助读者理解原著、把握要义;同时概括地介绍相关著作写作和流传情况以及中文译本的编译出版情况,供读者参考。正文后面均附有注释和人名索引,以便于读者查考和检索。

著作单行本系列的技术规格沿用《马克思恩格斯全集》第二版和《列宁全集》第二版的相关规定。在马克思、恩格斯、列宁著作的目录和正文中,凡标有星花 * 的标题都是编者加的;引文中的尖括号〈 〉内的文字和标点符号是马克思、恩格斯、列宁加的;未注明"编者注"的脚注,是马克思、恩格斯、列宁的原注;人名索引的条目按汉语拼音字母顺序排列。在马克思恩格斯著作中,引文里加圈点处是马克思、恩格斯加着重号的地方,目录和正文中方括号〔 〕内的文字是编者加的。在列宁著作中,凡注明"俄文版编者注"的脚注都是指《列宁全集》俄文第五版编者加的注,人名索引中的条头括号内用黑体字排印的是相关人物的真实姓名,未加黑体的则是笔名、别名、曾用名或绰号。此外,列宁著作标题下括号内的日期是编者加的;编者加的日期,公历和俄历并用时,俄历在前,公历在后。

中共中央 马克思　恩格斯 著作编译局
　　　　　列　宁　斯大林
2014 年 6 月

目　　录

插 图

编 者 引 言

　　《社会民主党在民主革命中的两种策略》是列宁论述布尔什维克在俄国资产阶级民主革命中的战略和策略、批判孟什维克的机会主义策略的重要著作。

　　1905 年 1 月 22 日，沙皇军警大批枪杀彼得堡请愿工人，制造了"流血星期日"事件，激起工人阶级和广大进步人士的愤恨和抗议。这一事件揭开了俄国第一次资产阶级民主革命的序幕。在反对沙皇专制制度的革命浪潮日益高涨的形势下，俄国无产阶级政党面临的重要任务是科学地分析政治斗争发展趋势，准确地估量阶级力量对比，制定正确的斗争策略，引导革命斗争沿着正确的方向开展。为了完成这个任务，在列宁的倡议和周密安排下，俄国社会民主工党于 1905 年 4 月 25 日至 5 月 10 日在伦敦召开第三次代表大会。列宁主持了这次大会，制定了党在俄国民主革命中的策略路线。孟什维克拒绝参加这次代表大会，单独在日内瓦召开了自己的代表会议，制定了机会主义的策略路线。两个会议就策略问题通过了截然不同的决议。为了防止孟什维克的错误观点对革命运动的误导,列宁撰写了《社会民主党在民主革命中的两种策略》一书,对两个决议进行对比和分析,从理论上系统地阐明布尔什维克在俄国资产阶级民主革命中的战略和策略,批判孟什维克的机会主义观点。这部著作丰富和发展了马克思主义关于无产阶级革命和无产阶级专政的理论,对于教育无产阶级群众,团结和壮大布尔什维克组织,把革命引上正确道路起了极为重要的作用。

革命领导权问题是俄国资产阶级民主革命中的首要问题。孟什维克不懂得在新的历史条件下发生的俄国革命的本质特征,错误地认为像以往西欧资产阶级革命一样,在俄国革命中起领导作用的应当是资产阶级。列宁对孟什维克这种僵死地理解资产阶级革命的性质和动力,不承认无产阶级在革命中的领导权的机会主义观点作了有力的批驳。列宁指出,西欧发生资产阶级革命时,无产阶级远不如资产阶级强大。20世纪的俄国则不然,无产阶级已成为强大的政治力量,已先于资产阶级建立了自己的政党,无产阶级政党"比其他一切政党都先进,它有全党通过的精确的纲领"(见本书第6页)。俄国资产阶级由于自己的阶级地位,必然在民主革命中表现不彻底,力图同沙皇制度妥协;而无产阶级是先进的、唯一彻底革命的阶级,是彻底的民主主义者,只有在无产阶级的领导下,俄国的资产阶级民主革命才能取得彻底的胜利。列宁科学地分析了资产阶级民主革命和无产阶级的关系,指出:"资产阶级革命对无产阶级是极其有利的。从无产阶级的利益着想,资产阶级革命是绝对必要的。资产阶级革命进行得愈充分、愈坚决、愈彻底,无产阶级为争取社会主义而同资产阶级进行的斗争就愈有保证。"(见本书第38页)列宁强调指出:"马克思主义教导无产者不要避开资产阶级革命,不要对资产阶级革命漠不关心,不要把革命中的领导权交给资产阶级,相反地,要尽最大的努力参加革命,最坚决地为彻底的无产阶级民主主义、为把革命进行到底而奋斗。"(见本书第40页)

无产阶级在资产阶级民主革命中的同盟军问题是关系到革命成败的重要问题。孟什维克否定农民的革命作用,把希望寄托于自由派资产阶级,害怕无产阶级斗争会迫使资产阶级退出革命从而缩小革命的规模。列宁详细论述了无产阶级和农民结成同盟的重要意义,批判了孟什维克的错误观点。他指出,无产阶级领导下的工农联盟是资产阶级民主革命胜利的主要条件,只有农民能够全心全意地和最彻底地拥护民主革命,因为只有民主制度才能准确地体现农民的利益,"只有获得了完全胜利的革命才能使农民获得土地改革方面的一切,才能使农民获得他们所希望、所幻想而且是他们真正必需的一切"(见本书第92页)。无产阶级只有同农民结成同盟,彻底孤立想拿革命同沙皇制度做交易的自由派资产阶级,才能推翻沙皇制度,将民主革命进行到底。事实上,只有当资产阶级退出,而农民群众以积极革命者的姿态同无产阶级一起奋斗时,俄国革命才会有真正最广大的规模。孟什维克的策略不是把革命农民提高到自己同盟者的地位,而是把自己降低到君主派资产阶级的水平。

列宁批判了孟什维克反对社会民主党在民主革命中夺取政权和参加临时政府的观点,阐述了争取民主共和制的策略。列宁指出,人民的胜利的武装起义是推翻沙皇制度和建立民主共和制的最重要手段,组织武装起义的问题在俄国已提上日程,社会民主党必须武装无产阶级并准备领导起义。列宁认为,民主革命的胜利和实行无产阶级和农民所迫切需要的革命，一定会引起地主、大资产者和沙皇制度的拼命反抗。无产阶级领导的资产阶级民主革命取得胜利以后，应当建立无产阶级和农民的革命民主专政。没有无产阶级和农民的革命民主专政，就不可能摧毁这种反抗。实行这种专政的政治机关应当是临时革命政府，社会民主党可以而且必须参加临时政府，但要始终保持自己的阶级独立性。列宁认为，无产阶级举行武装起义推翻沙皇专制制度是党的最主要的、刻不容缓的任务之一。孟什维克却只泛泛地谈论起义，而回避了武装起义是否必要、是否刻不容缓的问题。列宁指出，革命的胜利，革命专政的产生，必然要依靠军事力量，依靠武装群众，依靠起义，而不是依靠某种用"合法的"、"和平的方法"建立起来的机关。当国内战争已经爆发、武装斗争已成为必要时，孟什维克对起义问题只局限于"一般宣传"而不肯行动起来，不把武装起义作为行动的直接口号，这就是说教，甚至是出卖革命、背叛革命。

列宁在这一著作中详细阐明了无产阶级和农民的革命民主专政的思想。孟什维克认为召集立宪会议就是革命的彻底胜利。列宁认为，孟什维克的策略不是把革命推向前进，而是拉向后退，他们提出的口号事实上没有超过君主派资产阶级的民主口号。在布尔什维克看来，要彻底战胜沙皇制度，就应该实现无产阶级和农民的革命民主专政。无产阶级和农民的革命民主专政是从整个马克思主义世界观和俄国社会民主工党的纲领中必然产生出来的口号。这种专政是关于资产阶级革命中无产阶级领导权和工农联盟思想的具体体现。它只能是民主主义的专政，而不是社会主义的专政。它不能触动资本主义的基础，至多只能实行有利于农民的改革，实行彻底的和完全的民主主义。它反映了无产阶级和农民在民主主义问题上和争取共和制的斗争中的意志的统一，同时又能把民主革命推向前进，使无产阶级下一步争取社会主义的斗争能最顺利地进行。列宁根据俄国的具体情况提出的无产阶级和农民的革命民主专政的思想，是对马克思主义关于无产阶级革命和无产阶级专政理论的发展。

对临时政府的态度是布尔什维克同孟什维克的主要策略分歧之一，也是列宁在这一著作中着重论述的问题。党的第三次代表大会的决议提出，临时革命政府可以成为无产阶级和农民的革命民主专政的机关，社会民主党应当参加临时革命政府。列宁指出，从巴黎公社时期以来笼罩着欧洲的漫长的政治反动时代使无产阶级过分习惯于只考虑"从下面"行动，而"我们现在无疑地已经进入了一个新的时代，政治动荡和革命的时期已经开始了。在俄国现在所处的这个时期，决不可把自己束缚在陈规旧套当中"（见本书第17页）。参加临时革命政府就是要"从上面"行动，这几乎是前所未有的新的斗争方式。列宁同时强调指出，"从下面"影响临时革命政府仍然是在任何场合都必须做的，要实行这种从下面施压的办法，无产阶级必须武装起来，并且必须由社会民主党来领导。孟什维克借口避免无产阶级融化于资产阶级民主派中的危险，反对社会民主党参加临时革命政府，主张在起义胜利后马上放弃领导权。列宁严厉批判了孟什维克的这种机会主义立场，指出他们的策略是为资产阶级民主派效劳，把革命成果拱手让给资产阶级。

列宁还阐发了马克思主义关于不断革命的思想。他指出，民主革命和社会主义革命是既有联系又有区别的两个革命阶段。民主革命的彻底胜利为无产阶级争取社会主义的斗争打好基础。他告诫社会民主党人在为民主革命胜利而斗争时不要忘记社会主义革命的目标,指出:无产阶级应当把民主革命进行到底,这就要把农民群众联合到自己方面来,以便用强力粉碎专制制度的反抗;无产阶级应当实现社会主义革命,这就要把居民中的半无产者群众联合到自己方面来,以便用强力摧毁资产阶级的反抗。列宁要求社会民主党在取得民主革命彻底胜利后不失时机地转向社会主义革命,指出"现在这个革命的完全胜利就是民主革命的终结和为社会主义革命而坚决斗争的开始"(见本书第123页)。他在稍后写的《社会民主党对农民运动的态度》一文中把这些主张概括为"不断革命"的思想。他说:"我们将立刻由民主革命开始向社会主义革命过渡,并且正是按照我们的力量,按照有觉悟有组织的无产阶级的力量开始向社会主义革命过渡。我们主张不断革命。我们决不半途而废。"(见《列宁全集》中文第2版增订版第11卷第223页)

　　《社会民主党在民主革命中的两种策略》于1905年在日内瓦出版,当年在俄国国内翻印,在彼得堡、莫斯科、彼尔姆、喀山、梯弗利斯、巴库等城市秘密流传。1907年11月,列宁将该书编入在彼得堡出版的《十二年来》文集,并增加了一些新的脚注。

　　这一著作的手稿没有完全保存下来。在《列宁全集》俄文第4版第9卷中,这一著作是按照日内瓦出版的单行本刊印的,编者根据保存下来的部分手稿作了校订。在《列宁全集》俄文第5版第11卷中,这一著作是按照俄国社会民主工党中央委员会的版本刊印的,编者依据保存下来的部分手稿和《十二年来》文集作了核对。这一著作的补充说明的提纲首次发表在1926年《列宁文集》俄文版第5卷,材料部分分别发表在《列宁文集》1926年俄文版第

5 卷和《列宁文集》1931 年俄文版第 16 卷。

早在新中国成立前,列宁的这一著作就有 10 余种中译本。最早的译本由陈文瑞翻译,上海中外研究学会 1929 年 8 月出版,书名是《两个策略》,扉页上是《社会民主派在民主革命中的两个策略》。此后,新时代出版社、解放社、晋察冀新华书店、汉口新流出版社等相继出版过中译本。

莫斯科外国文书籍出版局也曾多次翻译出版过中译本。最早的中译本是 1941 年出版的,书名是《社会民主党在民主革命中的两个策略》,译者未署名。1947 年出版的中文版《列宁文选》第 1 卷也收了这部著作;1949 年,又根据《列宁全集》俄文第 4 版,出版了新译本。

1953 年中共中央马克思恩格斯列宁斯大林著作编译局成立后,以《列宁全集》俄文第 4 版及其补卷为蓝本,着手翻译出版《列宁全集》中文第 1 版。列宁的这一著作被收入《列宁全集》中文第 1 版第 9 卷。此后中央编译局对译文作了多次修订,将这一著作收入《列宁全集》中文第 2 版第 11 卷、《列宁全集》中文第 2 版增订版第 11 卷、《列宁选集》第 1、2、3 版及第 3 版修订版的第 1 卷,并在《列宁专题文集》中的《论无产阶级政党》卷收入了该著作的节选。

本书采用《列宁全集》中文第 2 版增订版的译文。

列　宁

社会民主党在
民主革命中的两种策略

（1905 年 6—7 月）

1929—1949 年我国出版的
列宁《社会民主党在民主革命中的两种策略》一书的部分中译本

序　言

在革命时期,人们很难跟上事变的发展,而这些事变为评价各革命政党的策略口号提供了异常丰富的新材料。这本小册子是在敖德萨事变①发生前写成的。我们已经在《无产者报》[2](第9号,《革命教导着人们》)②上指出,这次事变甚至迫使那些编造出起义-过程论并且不同意宣传临时革命政府的社会民主党人也在事实上转到或开始转向自己的论敌方面。革命无疑是非常迅速、非常深刻地教导着人们,这在和平的政治发展时期看来是不可思议的。而特别重要的是,革命不仅教导着领导者,而且也教导着群众。

毫无疑义,革命会把社会民主主义教给俄国的工人群众。革命会在事实上证明社会民主党的纲领和策略是正确的,它将揭示出各个社会阶级的真实本性,揭示出我国民主派的资产阶级性质和农民的真正趋向;农民具有资产阶级民主主义的革命性,但潜藏

① 指"波将金公爵"号装甲舰的起义[1]。(这是作者为1907年版加的注释。——编者注)
② 见《列宁全集》中文第2版增订版第11卷第126—135页。——编者注

3

在它内部的,并不是"社会化"的思想,而是农民资产阶级和农村无产阶级间的新的阶级斗争。旧民粹派的旧幻想,例如"社会革命党"[3]纲领草案在俄国资本主义发展问题上、在我国"社会"的民主主义性质问题上、在农民起义完全胜利的意义问题上十分清楚地显示出来的一切幻想,都将被革命的风暴无情地彻底吹散。革命将第一次使各个阶级受到真正的政治洗礼。通过革命,这些阶级将显示出它们的明确的政治面貌,它们不仅会在自己的思想家的纲领和策略口号中,而且会在群众的公开的政治行动中表现它们自己。

革命将教会我们,将教会人民群众,这是毫无疑问的。但是对一个战斗着的政党来说,现在的问题是我们能不能教会革命一些东西? 我们能不能利用我们的社会民主主义学说的正确性,利用我们同无产阶级这个唯一彻底革命的阶级的联系,来给革命刻上无产阶级的标记,把革命引导到真正彻底的胜利,不是口头上的而是事实上的胜利,麻痹民主派资产阶级的不稳定性、不彻底性和叛卖性?

我们应当尽一切努力来争取达到这个目的。但是要达到这个目的,一方面需要我们对政治局面有正确的估计,需要我们有正确的策略口号;另一方面,需要工人群众用实际的战斗力量来支持这些口号。我们党的一切组织和团体每天经常进行的全部工作,即宣传、鼓动和组织工作,都是为了加强和扩大同群众的联系。这种工作任何时候都是必要的,但是在革命时期会显得更加必要。在这种时期,工人阶级本能地要奋起进行公开的革命发动,而我们就必须善于正确提出这种发动的任务,然后尽量广泛地使人们熟悉这些任务,了解这些任务。不要忘记,在我们和群众的联系问题上流行的悲观主义，现在特别经常地掩盖着关于无产阶级在革命中的作用问题上的资产阶级观念。毫无疑问，我们在教育和组织工人阶级方面还有许许多多工作要做，但是现在全部问题却在于这种教育工作和组织工作的主要政治重心应当放在什么地方。是放在工会和合法社团方面呢，还是放在武装起义，放在建立革命的军队和革命的政府方面？这两方面的工作都可以教育和组织工人阶级。当然，这两方面的工作都是必要的。但是在现在，在当前的革命中，全部问题都归结为教育和组织工人阶级的工作重心将放在什么地方，是放在前一方面呢，还是放在后一方面？

革命的结局将取决于工人阶级是成为在攻击专制制度方面强大有力但在政治上软弱无力的资产阶级助手，还是成为人民革命的领导者。资产阶级中的自觉分子非常清楚地觉察到了这一点。因此，《解放》杂志[4]就赞扬阿基莫夫主义，即社会民主党内**现在**把工会和合法社团提到首要地位的"经济主义"。因此，司徒卢威先生就欢迎（《解放》杂志第72期）新火星派中阿基莫夫主义的原则趋向。因此，他就拼命攻击俄国社会民主工党第三次代表大会[5]的决议中所表现的那种可憎的革命狭隘性。

现在，社会民主党的正确的策略口号对领导群众来说具有特别重要的意义。在革命时期贬低原则上坚定的策略口号的意义，是再危险不过了。例如，《火星报》第104号已在事实上转到它在社会民主党内的论敌方面，但它同时又轻视走在实际生活前面的、为运动指出前进的（虽然也会遭到一些挫折，犯一些错误等等）道路的那些口号和策略决议的意义。恰恰相反，制定正确的策略决议,这对一个想根据马克思主义的坚定原则来领导无产阶级而不仅是跟在事变后面做尾巴的政党来说,是有巨大意义的。俄国社会民主工党第三次代表大会的决议和党内分裂出去的部分的代表会议①的决议,就最确切、最周到、最完全地表达了那些并非由个别著作家偶然说出、而是由社会民主主义无产阶级的负责代表正式通过的策略观点。我们的党比其他一切政党都先进,它有全党通过的精确的纲领。我们的党就是在严格对待自己的策略决议方面,也应当给其他政党作出榜样,以表明我们完全不同于《解放》杂志所表现的民主派资产阶级的机会主义立场,完全不同于社会革命党人的革命空谈,社会革命党人只是在革命时期才忽然想起要提出自己的纲领"草案",要开始研究他们眼前发生的革命是不是资产阶级革命的问题。

正因为如此,我们才认为革命的社会民主党的最迫切的工作,就是仔细研究俄国社会民主工党第三次代表大会的策略决议和代表会议的策略决议,判明其中偏离马克思主义原则的地方,弄清楚社会民主主义无产阶级在民主革命中的具体任务。这本小册子就是专为这一工作而写的。同时,根据马克思主义的原则和革命的教训来检查我们的策略,这对那些不愿局限于口头的劝说,而想切

---

① 俄国社会民主工党第三次代表大会(1905年5月在伦敦举行)只有布尔什维克参加。"代表会议"(同时在日内瓦举行)只有孟什维克参加**6**。在这本小册子里常常把孟什维克称为"新火星派",因为他们虽然继续出版《火星报》,但他们以自己当时的同道者托洛茨基为代言人宣布过,在旧《火星报》和新《火星报》**7**之间隔着一条鸿沟。(这是作者为1907年版加的注释。——编者注)

实造成策略上的一致,从而为俄国社会民主工党全党将来的完全统一奠定基础的人来说,也是必要的。

尼·列宁

1905 年 7 月

1. 一个迫切的政治问题

在当前革命时期的日程上,摆着一个召集全民立宪会议的问题。这个问题如何解决,意见是不一致的。现在有三种政治趋向。沙皇政府承认有召集人民代表会议的必要,但是无论如何不愿意让这个代表会议成为全民的和立宪的会议。按报纸所载关于布里根委员会[8]工作的消息来看,沙皇政府似乎同意在没有鼓动自由的条件下,按照有严格的资格限制或严格的等级限制的选举制选出一个咨议性会议。社会民主党领导下的革命无产阶级则要求权力完全转归立宪会议,为了实现这个目的,不仅要力争普选权,不仅要力争充分的鼓动自由,而且要立刻推翻沙皇政府,代之以临时革命政府。最后,通过所谓"立宪民主党"[9]领袖们之口来表达自己愿望的自由派资产阶级,并不要求推翻沙皇政府,不提出成立临时政府的口号,不坚持切实保障选举的完全自由和公正,不坚持切实保障代表会议能成为真正全民的和真正立宪的会议。其实,作为"解放派"[10]唯一重要的社会支柱的自由派资产阶级,正力求在沙皇和革命人民之间达成尽可能和平的交易,并且通过这种交易使它自己即资产阶级获得的权力最多,而使革命的人民即无产阶级和农民获得的权力最少。

这就是目前的政治形势。这就是和现代俄国三种主要社会力量相适应的三种主要政治趋向。至于"解放派"怎样用假民主的词句来掩饰他们那种不彻底的政策,直截了当地说,那种背叛革命、出卖革命的政策,我们已经不止一次地在《无产者报》(第3、4、5号)①上谈过了。现在我们来看看社会民主党人怎样估计目前的任务吧。俄国社会民主工党第三次代表大会和党内分裂出去的部分的"代表会议"最近分别通过的两个决议,便是这方面的最好的材料。这两个决议,究竟哪一个能正确地估计目前的政治形势和正确地规定革命无产阶级的策略,这个问题具有极其重大的意义,任何一个社会民主党人,只要他愿意自觉地履行他所担负的宣传、鼓动和组织的义务,就应当十分细心地研究这个问题,而完全抛开那些和问题实质无关的考虑。

党的策略是指党的政治行为,或者说,是指党的政治活动的性质、方向和方法。党代表大会通过策略决议,就是要确切规定整个党在新的任务方面或者是针对新的政治形势所应采取的政治行为。这种新的形势是已经在俄国开始的革命,也就是绝大多数人民同沙皇政府的彻底、坚决和公开的决裂造成的。新问题就在于采用什么实际方法来召集真正全民的和真正立宪的会议(在理论上,关于这个会议的问题,社会民主党早已在自己的党纲中先于其他一切政党正式解决了)。既然人民已经和政府决裂,而群众又认识到必须建立新制度,那么以推翻政府为目标的党,就必须考虑用什么样的政府来代替将被推翻的旧政府。于是就产生了关于临时革命政府的**新**问题。为了给这个问题一个圆满的答复,觉悟的

---

① 见《列宁全集》中文第 2 版增订版第 10 卷第 245 — 253、258 — 264、277—283 页。——编者注

无产阶级的党就应当阐明:第一,临时革命政府在当前发生的革命中,以及在无产阶级的全部斗争中的**意义**;第二,自己对临时革命政府的**态度**;第三,社会民主党**参加**这个政府的明确的条件;第四,**从下面**,即在这个政府没有社会民主党参加的情况下对这个政府施加压力的条件。只有把这一切问题阐明后,党在这方面的政治行为才会是有原则的、明确的和坚定的。

现在我们就来看看俄国社会民主工党第三次代表大会的决议是怎样解决这些问题的。以下就是这个决议的全文:

"关于临时革命政府的决议

鉴于:

(1)无论是无产阶级的直接利益,或者是无产阶级为社会主义的最终目的而斗争的利益,都要求有尽可能充分的政治自由,因而也就要求用民主共和制来代替专制的管理形式,

(2)在俄国只有经过胜利的人民起义才有可能实现民主共和制,而成为胜利的人民起义的机关的将是临时革命政府,只有这个政府才能保证充分的竞选鼓动自由,并且按普遍、平等、直接和无记名投票的选举制来召集真正代表民意的立宪会议,

(3)这个民主革命在俄国现存的社会经济制度下不会削弱而会加强资产阶级的统治;资产阶级在一定的时期必然会采取一切手段来尽量夺取俄国无产阶级在革命时期获得的成果,

俄国社会民主工党第三次代表大会决定:

(一)必须在工人阶级中广泛地进行宣传,使他们具体了解革命的最可能的进程,具体了解革命发展到一定的时候必然会出现临时革命政府,无产阶级将要求这个政府实现我们的纲领(即最低纲领)所提出的当前的一切政治要求和经济要求;

（二）根据力量对比和其他不能预先准确判定的因素，我们党可以派全权代表参加临时革命政府，以便同一切反革命企图作无情的斗争，捍卫工人阶级的独立利益；

（三）参加临时革命政府的必要条件是：党对自己的全权代表进行严格的监督，并坚定不移地保持社会民主党的独立性，因为社会民主党力求实现彻底的社会主义革命，就这一点说，它同一切资产阶级政党是不可调和地敌对的；

（四）不管社会民主党是否有可能参加临时革命政府，都必须向最广泛的无产阶级群众宣传这样一种思想，即由社会民主党领导的武装起来的无产阶级为了保卫、巩固和扩大革命的成果，必须经常对临时政府施加压力。"

2. 俄国社会民主工党第三次代表大会关于临时革命政府的决议给了我们什么？

　　从俄国社会民主工党第三次代表大会这个决议的标题就可以看出，决议是完全和专门论述临时革命政府问题的。这就是说，社会民主党人参加临时革命政府是这个问题的一部分。另一方面，这里说的只是临时革命政府，而不是别的什么；因此，这里根本没有涉及"夺取政权"之类的问题。代表大会把后面这个问题以及诸如此类的问题撇开不谈，是不是做得对呢？无疑是对的，因为俄国的政治局势根本没有把这类问题提到日程上来。恰恰相反，全体人民提到日程上来的问题，是推翻专制制度和召集立宪会议。党代表大会应当提出来解决的，并不是某个著作家适时或不适时地涉及的问题，而是那些由于时局和社会发展的客观进程而具有重大政治意义的问题。

　　在现在的革命中，以及在无产阶级的一般斗争中，临时革命政府有什么意义呢？代表大会的决议解释了这个问题，它一开头就指出，无论从无产阶级的直接利益来看，还是从"社会主义的最终目的"来看，都必须有"尽可能充分的政治自由"。而为了得到充分的政治自由，就必须用民主共和制来代替沙皇专制制度，正如我们的党纲早已认定的那样。在代表大会的决议中强调民主共和制的口号，这在逻辑上和原则上都是必要的，因为无产阶级是先进的民主战士，他们力求争得的正是充分的自由；而且，强调这一点在现在尤其适当，因为在我国，正好是在现在，君主派即所谓立宪"民主"党或"解放"党正打着"民主主义"的旗号进行活动。为了建立共和制，就绝对要有人民代表的会议，并且必须是全民的（按普遍、平等、直接和无记名投票的选举制选出的）和立宪的会议。这也是代表大会的决议接着就肯定了的。可是，这个决议并不以此为限。为了建立"真正代表民意的"新制度，单是把代表会议叫做立宪会议是不够的。必须使这个会议拥有"立"的权力和力量。考虑到这一点，代表大会的决议也就不以"立宪会议"这个形式上的口号为限，而是补充了唯一能保证这个会议真正执行它的任务的物质条件。指出这种能使口头上的立宪会议变成事实上的立宪会议的条件，是绝对必要的，因为，正如我们已经不止一次地指出过的，以立宪君主党为代表的自由派资产阶级，故意歪曲全民立宪会议的口号，要把这个口号变成一句空话。

在代表大会的决议中说道：**只有**临时革命政府，而且是成为胜利的人民起义的机关的临时革命政府，才能保证竞选鼓动有充分的自由，才能召集真正代表民意的会议。这个论点是不是正确呢？谁想驳倒这个论点，他就得断定，沙皇政府能够做到不去帮助反动势力，它能够在选举时保持中立，它能够为真正表达民意操心。这样的断言是非常荒谬的，谁也不会公开地替它辩护，但正是我们的解放派在打着自由主义的旗号暗地里偷运这类东西。立宪会议必须有人来召集；选举的自由和公正必须有人来保证；这个会议必须有人赋予它全部力量和权力：只有成为起义机关的革命政府才会诚心诚意地愿意这样做,也只有它才有力量采取一切办法来实现这一点。沙皇政府必然会反对这样做。和沙皇做交易而且完全不依靠人民起义的自由派政府,决不会诚心诚意地愿意这样做,而且即使它极其真诚地愿意这样做,也不能实现这一点。可见,代表大会的决议中所提出来的口号,是唯一正确的和十分彻底的民主的口号。

但是,在估计临时革命政府的意义时,如果忽略了民主革命的阶级性质,那么这种估计就是不完全的和不正确的。所以决议补充说,革命会加强资产阶级的统治。这在目前的即资本主义的社会经济制度下,是不可避免的。而资产阶级对多少享有一些政治自由的无产阶级的统治一加强起来,就必然会引起这两个阶级为争夺政权而进行拼死的斗争,资产阶级就一定会拼命"夺取无产阶级在革命时期获得的成果"。所以,无产阶级走在最前面领导所有的人为民主制而斗争时,一分钟也不要忘记潜藏在资产阶级民主运动内部的新的矛盾,一分钟也不要忘记新的斗争。

可见,对临时革命政府的意义,在我们所研究的这一部分决议中是估计得很全面的:无论是就它和争取自由、争取共和制的斗争的关系来说,还是就它和立宪会议的关系来说,或者就它和为新的阶级斗争扫清基地的民主革命的关系来说,都完全估计到了。

下一个问题是,无产阶级对临时革命政府的态度一般应当怎样?代表大会的决议在回答这个问题时首先直截了当地建议党在工人阶级中广泛地进行宣传,使他们确信有成立临时革命政府的必要。工人阶级应当认识到这种必要。"民主派"资产阶级不提推翻沙皇政府的问题,而我们却应当把这个问题提到第一位,并坚决主张必须成立临时革命政府。此外,我们还应当给这个政府定出一个适合于当前历史时期的客观条件和无产阶级民主派的任务的行动纲领。这个纲领就是我们党的**全部**最低纲领,即当前的政治改革和经济改革的纲领。这些改革,一方面,在现存的社会经济关系的基础上是完全可以实现的,另一方面,又是为继续前进,为实现社会主义所必需的。

这样,决议就完全阐明了临时革命政府的性质和目的。按其来源和基本性质来说,这个政府应当是人民起义的机关。按其正式的使命来说,它应当是召集全民立宪会议的工具。按其活动内容来说,它应当实现无产阶级民主派的最低纲领,因为这是唯一能保障奋起反对专制制度的人民的利益的纲领。

也许有人会反驳说,临时政府是临时性的,不能实行尚未得到全体人民批准的建设性的纲领。这样的反驳只不过是反动派和"专制者"的诡辩而已。不实行任何建设性的纲领,就是容忍腐败的专制制度下的农奴制关系继续存在。能够容忍这种农奴制关系的,只有背叛革命事业的人们的政府,而决不是成为人民起义机关的政府。如果有人以立宪会议可能还不承认集会自由为借口,而主张在立宪会议承认这种自由以前,不要在事实上实现这种自由,那简直是开玩笑!反对临时革命政府立即实现最低纲领,正好就是开的这种玩笑。

最后,我们还要指出,决议为临时革命政府提出的任务是实现最低纲领,这就排除了立即实现最高纲领、为社会主义革命夺取政权这类荒唐的半无政府主义的思想。俄国经济发展的程度(客观条件)和广大无产阶级群众的觉悟程度和组织程度(和客观条件密切联系着的主观条件),都使工人阶级无法立即获得完全的解放。只有最无知的人,才能忽视当前的民主革命的资产阶级性质;

只有最幼稚的乐观主义者,才能忘掉工人群众还不大了解社会主义的目的及其实现的方法。而我们大家都确信,工人的解放只能是工人自己的事情;如果群众还缺乏觉悟和组织性,还没有在同整个资产阶级的公开的阶级斗争中受到训练和教育,那是根本谈不上社会主义革命的。持无政府主义性质的反对意见的人说我们拖延社会主义革命,对此我们回答说:我们并不是拖延社会主义革命,而是用唯一可能的方法,沿着唯一正确的道路,即沿着民主共和制的道路,向社会主义革命迈出第一步。谁想不经过政治上的民主制度而沿着其他道路走向社会主义,谁就必然会得出一种无论在经济上或是在政治上都是荒谬的和反动的结论。如果某些工人在某个时候质问我们为什么不实现最高纲领,我们会回答他们说,具有民主主义情绪的人民群众对社会主义还格格不入,阶级矛盾还没有充分发展,无产者还没有组织起来。你们到全国各地去组织起几十万工人吧,你们去争取几百万群众同情我们的纲领吧!你们试着去做做看,而不要光说些听起来很响亮的无政府主义空话,你们马上就会看到,要实现这样的组织任务,要广泛进行这样的社会主义教育,就必须尽可能充分地实现各种民主改革。

我们再往下看。既然我们已经阐明了临时革命政府的意义和无产阶级对它的态度,于是就产生下面这样一个问题:我们是否可以和在什么条件下可以参加这个政府(即从上面行动)?我们又应当怎样从下面行动?决议对这两个问题都作了明确的答复。在决议中毫不含糊地声明说,社会民主党参加临时革命政府(在民主革命时代,在为共和制而斗争的时代),原则上是**容许的**。我们作出这样的声明,就坚定不移地既和那些对这一问题在原则上持否定态度的无政府主义者划清了界限,又和社会民主党内那些用我们势必要参加这个政府这样的前景来**恐吓**我们的尾巴主义者（如马尔丁诺夫和新火星派）划清了界限。俄国社会民主工党第三次代表大会作出这样的声明,就坚决地驳斥了新《火星报》的意见:社会民主党人参加临时革命政府是变相的米勒兰主义[11],是对资产阶级制度的尊崇,原则上是不容许的,等等。

但是,说原则上容许,当然还没有解决实际上是否适当的问题。究竟在什么条件下,党代表大会所承认的这种新的斗争方式,即"从上面"斗争的方式,是适当的呢? 当然,各种具体条件,如力量对比等等,现在还无从谈起,所以决议自然就不去预先规定这些条件。任何一个有理智的人,都不会在现在就对我们所谈的这个问题作出任何预言。但是我们参加的性质和目的,却是可以而且应当确定的。决议也就是这样做的,它指出了我们参加的两个目的:(1)同反革命企图作无情的斗争,(2)捍卫工人阶级的独立利益。自由派资产者正开始起劲地谈论反动派的心理(见司徒卢威先生发表于《解放》杂志第71期的那封极有教益的《公开信》),力图吓倒革命的人民,并促使他们对专制制度让步,在这个时候,无产阶级政党提醒人们注意同反革命进行真正的战争的任务,是特别适当的。政治自由和阶级斗争的重大问题归根结底只能靠实力来解决,而我们应当关心的就是准备和组织这种力量,积极使用这种力量,不仅用它来防御,而且还用它来进攻。从巴黎公社时期以来几乎毫不间断地主宰着欧洲的漫长的政治反动时代,使我们过分习惯于只考虑"从下面"行动,使我们过分习惯于只注意防御性的斗争。我们现在无疑地已经进入了一个新的时代,政治动荡和革命的时期已经开始了。在俄国现在所处的这个时期,决不可把自己束缚在陈规旧套当中。必须宣传从上面行动的思想,必须准

17

备采取最坚决的进攻性的行动,必须研究这种行动的条件和形式。代表大会的决议认为这些条件中最主要的有两个:一个是关于社会民主党参加临时革命政府的形式方面的(党对自己的全权代表进行严格的监督),另一个是关于这种参加的性质本身的(一分钟也不忽略完全的社会主义革命的目标)。

这样,决议既从各方面阐明了党采取"从上面"行动这个几乎是前所未有的新斗争方式时的政策,又估计到了我们将来无法从上面行动的那种场合。从下面影响临时革命政府,这是我们在任何场合下都必须做的。要实行这种从下面施加压力的办法,无产阶级就必须武装起来——因为在革命时期,事件会特别迅速地发展为直接的内战——并且必须由社会民主党来领导。无产阶级以武力为后盾来施加压力的目的,是要"保卫、巩固和扩大革命的成果",即从无产阶级的利益来看应当以实现我们的全部最低纲领为内容的那些成果。

我们就此结束我们对第三次代表大会关于临时革命政府的决议的简要分析。读者可以看出,这个决议把新问题的意义、无产阶级政党对这个问题的态度以及党从临时革命政府里面和从该政府外面行动的政策都一一阐明了。

现在来看看"代表会议"的相应的决议吧。

3. 什么是"革命对沙皇制度的彻底胜利"?

　　"代表会议"的决议是专门论述"**关于夺取政权和参加临时政府**"问题的①。我们已经指出,问题的这种提法就包含着一种糊涂观念。一方面,问题提得很狭窄:只谈我们参加临时政府的问题,而不一般地谈党在对待临时革命政府方面的任务。另一方面,又把我们参加**民主**革命的一个阶段和进行**社会主义**革命这样两个性质完全不同的问题混为一谈。其实,社会民主党"夺取政权",如果按这几个字的直接的和通常的含义来说,正好就是社会主义革命,而决不可能是别的什么东西。如果把这几个字理解为不是为社会主义革命夺取政权,而是为民主革命夺取政权,那么,不仅谈参加临时革命政府,而且还**一般地**谈"夺取政权",这有什么意思呢? 显然,我们的"代表会议派"自己还不大清楚他们究竟应当说什么:是要说民主革命,还是要说社会主义革命。谁留心过有关这个问题的著作,他就会知道,这种糊涂观念是马尔丁诺夫同志在他那本有名的《两种专政》中开始提出来的,新火星派不乐意提起这

---

① 　读者把本书第400、403—404、407、431、433—434页上所引各段集中在一起,便可得到这个决议的全文。(这是作者为1907年版加的注释。见本书第20、26、32、70、74页。——编者注)

一典型的尾巴主义著作中所提供的(早在1月9日事件[12]以前)这种问题的提法,但是这一著作对代表会议的思想影响是无可怀疑的。

不过我们暂且不谈这个决议的标题。这个决议的内容,暴露了更深刻得多、更严重得多的错误。下面是这个决议的第一部分:

"革命对沙皇制度的彻底胜利,可能表现为来自胜利的人民起义的临时政府的成立,也可能表现为某个代表机关在人民的直接的革命压力下决定召开全民立宪会议的革命倡议。"

总之,他们是说,革命对沙皇制度的彻底胜利,既可能是胜利的起义,又可能是……代表机关决定召开立宪会议!这是什么意思呢?这该怎么来理解呢?彻底胜利可能表现为"决定"召开立宪会议??而且这样的"胜利"又和"来自胜利的人民起义的"临时政府的成立相提并论!!代表会议竟没有觉察到,**胜利的**人民起义和临时政府的**成立**是表示革命**在事实上**胜利,而"决定"召开立宪会议是表示革命仅仅**在口头上**胜利。

孟什维克新火星派的代表会议恰好犯了自由派即解放派经常犯的错误。解放派空谈"立宪"会议,羞答答地闭着眼睛不看力量和政权仍然在沙皇手中的事实,忘记了要"立"就需要有**力量**来立的道理。代表会议也忘记了,从任何代表的"决定"到这个决定的实现都还有一段很长的距离。代表会议也忘记了,当政权还在沙皇手中的时候,任何代表的任何决定,都会和德国1848年革命史上有名的法兰克福议会[13]的"决定"一样,成为无聊而可怜的空话。革命无产阶级的代表马克思曾在他主编的《新莱茵报》[14]上,非常尖刻地讥笑了法兰克福的自由主义"解放派",因为他们说了许多漂亮话,通过了各种各样的民主的"决定","立了"各种各样的自由,而事实上却让政权留在国王手中,并没有组织武装斗争去反对掌握在国王手中的武装力量。当法兰克福的解放派还在那里空谈时,国王却抓住了时机,加强了自己的武装力量,于是反革命便依靠实际的力量,把民主派连同他们的一切美妙的"决定"打得落花流水了。

代表会议把正好缺少胜利的决定性条件的局面拿来和彻底胜利等量齐观。承认我们党的共和纲领的社会民主党人怎么能犯这样的错误呢?要了解这一奇怪现象,就必须看看第三次代表大会关于党内分裂出去的部分的决议①。决议指出,我们党内还存在着"同'经济主义'有血缘关系的"各种派别。我们的代表会议派(马尔丁诺夫对他们的思想领导确实没有白费)关于革命的论断,

---

① 现在把这个决议的全文引述如下:"代表大会指出,在俄国社会民主工党内,从和'经济主义'作斗争时起直到现在,还保存着一些在不同的程度上和不同的方面同经济主义有血缘关系的色彩,其特征就是一般趋向于降低觉悟成分在无产阶级斗争中的意义而使其服从于自发成分。在组织问题方面,这些色彩的体现者在理论上提出一个和党的按计划规定的工作不相适应的组织-过程原则,在实践上多半是推行一套和党的纪律相违背的办法,要不然就向党内觉悟最低的一部分人鼓吹不顾俄国现实生活的客观条件而广泛应用选举的原则,企图以此破坏目前唯一可能存在的党的联系的基础。在策略问题方面,他们力图缩小党的工作的规模,反对党对自由派资产阶级政党所采取的完全独立的策略,否认我们党可能和宜于担负起组织人民起义的使命,认为我们党无论在什么条件下都不应当参加临时民主革命政府。

代表大会责成全体党员在任何地方都进行坚决的思想斗争,反对这种局部离开革命社会民主党的原则的倾向,但是代表大会同时认为,在某种程度上附和这种观点的人,在下面这个必要的条件下,即在他们承认党代表大会和党章并且完全服从党的纪律的条件下,可以参加党的组织。"(这是作者为1907年版加的注释。——编者注)

和"经济派"[15]关于政治斗争或八小时工作制的论断是一模一样的。"经济派"一开口就搬出"阶段论":(1)为权利而斗争,(2)政治鼓动,(3)政治斗争;或是(1)十小时工作制,(2)九小时工作制,(3)八小时工作制。这个"策略-过程"引起的结果,是大家都十分了解的。现在,代表会议派建议我们把革命也预先好好地分成几个阶段:(1)沙皇召集代表机关,(2)这个代表机关在"人民"的压力下"决定"召开立宪会议,(3)……关于第三阶段,孟什维克还没有取得一致的意见;他们忘记了:人民的革命压力将碰到沙皇制度的反革命压力,因而不是"决定"不能实现,便是问题又得由人民起义的胜利或失败来决定。代表会议的决议也和"经济派"的下面这种论断完全相同:工人的彻底胜利,可能表现为用革命手段实现八小时工作制,也可能表现为恩赐十小时工作制和"决定"过渡到九小时工作制…… 真是一模一样。

也许有人会反驳我们说,决议的制定者并没有想把起义的胜利和沙皇所召集的代表机关的"决定"**等量齐观**,而只是想预先规定党在前后两种场合下的策略。对此我们的回答是:(1)决议的原文是直截了当地和毫不含糊地把代表机关的**决定**叫做"革命对沙皇制度的彻底胜利"。也许这是措辞疏忽的结果,也许可以根据记录来纠正它,可是在没有纠正以前,这种措辞只能包含一种思想,而且这种思想完全是**解放派的**。(2)决议的制定者所陷入的"解放派"的思维进程,在新火星派的其他著作中表现得更是鲜明无比。例如,在梯弗利斯委员会的机关报《社会民主党人报》[16](用格鲁吉亚文出版;《火星报》第100号曾经称赞过它)上登载的《国民代表会议和我们的策略》一文,竟说什么"选择国民代表会议为我们的活动中心"(我们补充一句,关于召集国民代表会议,我们还连半点确切的消息都不知道!)这一"策略",比武装起义和成立临时革命政府的"策略","**对我们更有利**"。下面我们还要回过头来谈这篇文章。(3)预先讨论党在革命胜利时和革命失败时、在起义成功时和起义不能发展成为重大力量时的策略,是一点也不应当反对的。也许沙皇政府能够召集一个代表会议来和自由派资产阶级做交易,第三次代表大会的决议就预见到这一点,所以直截了当地说到"虚伪的政策","假民主","所谓国民代表会议之类的滑稽可笑的人民代表机关"①。可是,问题在于这一点不是在关于临时革命政府的决议中说的,因为这和临时革命政府没有关系。如果发生上述情况,就会把起义和成立临时革命政府的问题

---

① 下面就是这个关于在革命前夕对政府策略的态度的决议的全文:

"鉴于:在当前的革命时期,政府为了保存自己,一面加强通常的、主要是用来对付无产阶级觉悟分子的镇压手段,同时又(1)企图用让步和进行改良的诺言从政治上腐蚀工人阶级,从而引诱工人阶级离开革命斗争;(2)为着同一目的,给自己的虚伪的让步政策披上假民主的外衣,从邀请工人选派代表参加各种委员会和各种咨议会起,一直到成立所谓国民代表会议之类的滑稽可笑的人民代表机关;(3)组织所谓黑帮17,并煽动人民中一切反动的、不觉悟的或者被种族仇恨和宗教仇恨所迷惑的分子来反对革命;

俄国社会民主工党第三次代表大会决定责成一切党组织:

(一)揭露政府让步的反动目的,同时在宣传和鼓动工作中,一方面要着重说明这些让步是出于不得已,另一方面又要着重说明专制政府绝对不可能实行可以满足无产阶级需要的改良;

(二)利用竞选鼓动向工人解释政府的这类措施的真实意义,并说明对无产阶级来说必须用革命的方法按普遍、平等、直接和无记名投票的选举制召集立宪会议;

(三)组织无产阶级立刻用革命的方法实现八小时工作制以及工人阶级的其他迫切要求;

(四)组织武装抵抗来反击黑帮以及一切由政府领导的反动分子的进攻。"(这是作者为 1907 年版加的注释。——编者注)

推迟,就会使问题变样,等等。现在的问题并不在于可能发生各种情况:既可能胜利,也可能失败,既可能走直路,也可能走弯路,而在于社会民主党人决不可以搅乱工人对真正革命道路的认识,决不可以像解放派那样把缺少胜利的**基本**条件的局面叫做彻底胜利。也许我们连八小时工作制也不是一下子就能得到,而只有经过漫长曲折的道路才能得到,但是,如果有人竟把无产阶级**不能阻止**拖延、耽搁、搞交易、叛变和反动这种软弱无力的表现叫做工人的胜利,那么你会怎样说这个人呢? 也许俄国的革命将以"立宪流产"结束,如《前进报》①有一次说过的那样,但是,这难道可以为那些在决战前夜把这种流产叫做"对沙皇制度的彻底胜利"的社会民主党人辩护吗? 也许在最坏的情况下,我们不仅争取不到共和制,就连宪法也将是一个虚幻的"希波夫式的"宪法¹⁸,但是,难道这就可以原谅社会民主党人抹杀我们的共和制口号吗?

当然,新火星派还没有走到抹杀这个口号的地步。但是他们的革命精神已经丧失到什么程度,毫无生气的说教已经把他们和当前的战斗任务隔离到什么程度,这从他们在自己的决议中恰巧**忘记**谈到共和制这一点看得特别清楚! 这是难以置信的,然而这是事实。社会民主党的一切口号都在代表会议的各种决议中得到承认、重申、解释和详细说明,甚至由工人按企业选举工长和代表的事情也没有忘记,只是没有在关于临时革命政府的决议中提及

---

① 日内瓦《前进报》是我们党内布尔什维克部分的机关报,于 1905 年 1 月开始出版。从 1 月至 5 月,总共出版了 18 号。从 5 月起,根据俄国社会民主工党第三次代表大会(这次代表大会于 5 月在伦敦举行;孟什维克没有参加,他们在日内瓦举行了自己的"代表会议")的决定,《前进报》停刊,开始出版《无产者报》作为俄国社会民主工党的中央机关报。(这是作者为 1907 年版加的注释。——编者注)

共和制。说到人民起义的"胜利",说到临时政府的成立,而不指出这些"步骤"和行动同争取共和制的关系,这就是说,他们制定决议并不是为了要领导无产阶级的斗争,而是为了跟在无产阶级运动的后面蹒跚而行。

总起来说,决议的第一部分:(1)完全没有从争取共和制和保证召集真正全民的和真正立宪的会议方面阐明临时革命政府的意义;(2)把正好还缺少真正胜利的基本条件的局面拿来和革命对沙皇制度的彻底胜利等量齐观,这就直接搅乱了无产阶级的民主主义意识。

4. 君主制度的铲除和共和制

现在我们来看这个决议的下一部分：

"……无论在哪一种场合下,这样的胜利都将是革命时代的新阶段的开端。

社会发展的客观条件自发地提到这个新阶段面前的任务,就是要在政治上获得解放的资产阶级社会内各种成分为实现自身的社会利益和直接占有政权而相互斗争的过程中,彻底铲除整个等级君主制度。

因此,临时政府既要负起责任来完成这个按历史性质是资产阶级革命的任务,就必须调节争取解放的民族内各个对立阶级的相互斗争,就必须不仅推进革命的发展,而且极力反对革命发展中那些危及资本主义制度基础的因素。"

我们把构成决议的一个独立篇章的这一部分分析一下。我们所摘引的这几段论述的基本内容相当于代表大会决议的第三点所叙述的内容。可是,如果把两个决议中的这一部分拿来对照一下,立刻就会明显地看出这两个决议有如下的根本区别。代表大会的决议简略地说明了革命的社会经济基础以后,便把全部注意力转到各阶级为争夺一定的成果而进行的非常确定的斗争上,并且把无产阶级的战斗任务提到第一位。代表会议的决议则冗长地、模糊地、混乱地描写革命的社会经济基础,非常含糊地谈到为一定的成果而进行的斗争,并且根本不提无产阶级的战斗任务。代表会议的决议说,在社会内各种成分相互斗争的过程中铲除旧制度。而代表大会的决议说,我们无产阶级的党应当铲除旧制度,只有建立起民主共和制才是真正铲除旧制度,我们应当争取这个共和制,我们为这个共和制和充分的自由而斗争,不仅要反对专制制度,而且当资产阶级企图(他们一定会这样做)从我们手中夺取我们的成果时,还要反对资产阶级。代表大会的决议号召一定的阶级为明确的最近目的而斗争。代表会议的决议则谈论各种力量的相互斗争。一个决议表现出积极斗争的心理,另一个决议则表现出消极观望的心理;一个决议里响彻了生气勃勃地行动起来的号召,另一个决议里则充满了死气沉沉的说教。两个决议都说,现在发生的革命对我们说来只是第一步,随后还有第二步。但是一个决议由此作出的结论是:我们必须尽快地走完第一步,必须尽快地结束这一步,争得共和制,无情地粉碎反革命,打下走第二步的基础。另一个决议则可以说是淹没在对第一步的冗长的描写中,而且(恕我说句粗话)一味吮吸着关于第一步的思想。代表大会的决议接受马克思主义的旧的但又万古常新的思想(认为民主革命是资产阶级性质的革命),把它当做引言或首要的前提来作出既为民主革命又为社会主义革命奋斗的先进阶级负有先进任务的结论。代表会议的决议则始终只是停留在引言上,咀嚼着这个引言,并在这个引言上面卖弄聪明。

正是这种区别一直把俄国马克思主义者分为两派:在合法马克思主义[19]流行的那些年代分为说教派和战斗派,在群众运动兴起的时代分为经济派和政治派。"经济派"根据一般阶级斗争、特别是政治斗争有很深的经济根源这一马克思主义的正确前提,作出了奇特的结论:必须转过身去背向政治斗争,阻止它的发展,缩小它的规模,降低它的任务。反之,政治派根据同样的前提作出不同的结论,这就是:现在我们的斗争的根源愈深,我们就应当愈广泛、愈大胆、愈坚决、愈主动地进行这个斗争。现在在另一种环境中,以另一种形式出现在我们面前的,还是那场争论。民主革命还决不是社会主义革命,民主革命决不是只有穷人才"关心",民主革命的最深的根源在于**整个**资产阶级社会的切身的需要和要求,——我们根据这些前提作出结论说,先进的阶级必须更大胆地提出自己的民主主义任务,必须更明白地彻底说清这些任务,提出直接的共和制的口号,宣传必须成立临时革命政府、必须无情地粉碎反革命的思想。而我们的论敌新火星派根据同样的前提却作出这样的结论:不应当彻底说清民主主义的结论,在实践的口号中可以不提共和制,可以不宣传必须成立临时革命政府的思想,可以把召集立宪会议的决定叫做彻底胜利,可以不把同反革命斗争的任务提出来作为我们的行动任务,而是把它淹没在模糊不清的(并且是措辞不当的,如我们马上就会看到的那样)"相互斗争的过程"这一说法中。这不是政治家的语言,而是档案学家的语言!

你愈是仔细地研究新火星派决议中的各个说法,就会愈加明显地看出它的这些基本特点。例如,他们说什么"政治上获得解放的资产阶级社会内各种成分……相互斗争的过程"。我们记起决议所论述的题目(临时革命政府),就要疑惑地问道:既然已经说到相互斗争的过程,怎么又可以绝口不提那些在政治上**奴役**资产阶级社会的成分呢?代表会议派是不是以为只要他们假定革命取得胜利,这些成分也就消失了呢?这种想法一般说来是荒谬可笑的,具体说来是政治上的极端幼稚,政治上的极端近视。在革命战胜反革命以后,反革命并不会消失,反而必然会更加不顾死活地进行新的斗争。既然我们的决议是分析革命胜利时的任务的,我们就必须特别注意击退反革命进攻的任务(代表大会的决议就是这样做的),而不是把一个战斗的政党的这些当前的、紧迫的、刻不容缓的政治任务淹没在一般的谈论中,说当前的革命时代过去**以后**会怎样,在将来有了"政治上**获得解放的**社会"时会怎样。"经济派"曾经引用政治服从于经济的一般真理,来掩饰自己对刻不容缓的政治任务的不了解,现在新火星派也和他们一样,引用政治上**获得解放的**社会内部将发生斗争的一般真理,来掩饰自己对从政治上**解放**这个社会的刻不容缓的革命任务的不了解。

就拿"彻底铲除整个等级君主制度"这句话来说吧。说得明白些,彻底铲除君主制度就是建立民主共和制。但是我们的好心的马尔丁诺夫和他的信徒们认为这样说太简单明了了。他们一定要"加深"一下,一定要说得"聪明一些"。结果,一方面是枉费心机,令人可笑;另一方面,所得到的又不是口号而是描写,不是雄壮的前进的号召而是一种忧郁的向后回顾。呈现在我们眼前的,恰恰不是现在马上就要为共和制奋斗的活人,而是一种站在永恒的立场上用早已过时的观点来观察问题的僵硬的木乃伊。

再往下看:"……临时政府既要负起责任来完成这个……资产阶级革命的任务……" 从这里立刻就可看出,我们的代表会议派忽略了摆在无产阶级的政治领导者面前的具体问题。关于临时革命政府的具体问题,在他们的视野里竟被将来有许多政府会完成一般资产阶级革命任务的问题所遮蔽了。如果你们想"用历史的眼光"来观察问题,那么任何一个欧洲国家的例子都会向你们表明,正是许多根本不是"临时性质的"政府完成了资产阶级革命的历史任务,甚至那些战胜了革命的政府都毕竟不得不去完成这个被打败了的革命的历史任务。但是被叫做"临时革命政府"的，决不是你们所说的那种政府，这样的政府是革命时代的政府，它直接代替被推翻了的政府，它所依靠的是人民起义，而不是什么从人民中产生的代表机关。临时革命政府是争取革命立刻胜利、争取立刻粉碎反革命企图的机关，而决不是完成一般资产阶级革命历史任务的机关。先生们，让将来的历史学家在将来的《俄国旧事》杂志[20]上去确定究竟资产阶级革命的哪些任务是由我们和你们或者由某个政府完成的吧！——这种事就是过30年再去做也还来得及，而现在我们必须拿出为共和制而斗争并促使无产阶级最积极地参加这个斗争的口号和实际指示来。

我们上面所摘录的那部分决议中的最后几个论点，由于同样的原因，也是不能令人满意的。临时政府必须"调节"各个对立阶级的相互斗争一语，是极不妥当的，至少是笨拙的。马克思主义者不应当使用这种自由主义解放派式的说法，因为这种说法会使人们以为可能有这样的政府，它们不是阶级斗争的机关，而是阶级斗争的"调节者"……　政府必须"不仅推进革命的发展，而且极力反对革命发展中那些危及资本主义制度基础的因素"。这个决议借其名义说话的那个无产阶级恰恰就是这样的"因素"！这个决议不是指明无产阶级目前究竟应当怎样"推进革命的发展"（把它推得比立宪派资产阶级想走的更远），不是劝告无产阶级准备好一定的办法，等到资产阶级掉转头来反对革命的成果时，就和资产阶级斗争，而是一般地描写过程，丝毫不谈**我们**活动的具体任务。新火星派表达自己的思想时所采取的方式，使人联想到马克思（在他的著名的关于费尔巴哈的《提纲》中）对缺乏辩证法思想的旧唯物主义的评语。马克思说，哲学家们只是用不同的方式**解释**

世界,而问题在于**改变**世界。① 新火星派也能差强人意地描写和解释眼前的斗争过程,但是完全不能够提出进行这个斗争的正确口号。他们操练很有劲,但是指挥很糟糕,他们忽视那些认识了革命的物质条件并领导着先进阶级的政党在历史上所能起到和应当起到的积极的领导作用和指导作用,因而降低了唯物主义历史观的意义。

① 见《马克思恩格斯选集》第 3 版第 1 卷第 140 页。——编者注

5. 应当怎样"把革命推向前进"?

我们把这个决议的下一部分引录出来:

"在这样的条件下,社会民主党在整个革命过程中应当竭力保持这样的地位:使自己最有可能把革命推向前进,不致在和资产阶级政党的不彻底的和自私自利的政策作斗争时束缚住自己的手脚,不致融化在资产阶级民主派之中。

因此,社会民主党不应当抱定夺取政权或在临时政府中分掌政权的目的,而应当始终如一地做一个持极端革命反对派态度的政党。"

劝告我们占据最有可能把革命推向前进的地位,这使我们感到非常高兴。不过除了这个好心的劝告以外,我们还想得到直接的指示,就是在现在,在当前的政治形势下,在关于召集人民代表会议的传说、猜测、议论和计划层出不穷的时候,社会民主党应当怎样把革命推向前进。不懂得主张人民和沙皇"妥协"这种解放派理论的危险性,把仅仅"决定"召集立宪会议就叫做胜利而不积极宣传必须建立临时革命政府的人,是不是能在现在把革命推向前进呢?不提民主共和制的口号的人,是不是能在现在把革命推向前进呢?这样的人事实上是**把革命拉向后退**,因为他们在**政治实践**方面停留在**解放派**立场的水平上。他们既然在规定党在革命时期的当前的和最近的任务的策略决议中,不提为共和制而斗争的口号,那么他们承认要求用共和制代替专制制度的纲领,这又有什么用呢? 其实,解放派的立场,即立宪派资产阶级的立场现在的特征,就是把决定召集全民立宪会议看做彻底的胜利,而对临时革命政府和对共和制则小心谨慎地保持沉默! 要把革命推向**前进**,也就是说,要使革命超过君主派资产阶级所能把它推到的那个限度,就必须积极提出一些**排除**资产阶级民主派的"不彻底性"的口号,强调这些口号,把这些口号提到首要地位。这样的口号现在**只有两个**:(1)临时革命政府,(2)共和制,因为全民立宪会议的口号是君主派资产阶级已经**接受了的**(见"解放社"的纲领),它所以接受这个口号,正是为了阉割革命,为了不让革命完全胜利,为了使大资产阶级能和沙皇政府做交易。但是我们看到,在这两个唯一能够把革命推向前进的口号中,代表会议把共和制口号完全忘掉了,又把临时革命政府口号直截了当地拿来和解放派的全民立宪会议口号等量齐观,把两者都叫做"革命的彻底胜利"!!

是的,这是一件无可怀疑的事实,我们相信这件事实会成为将来的俄国社会民主运动历史学家的路标。社会民主党人代表会议在 1905 年 5 月通过了决议,决议说了一些必须把民主革命推向前进的漂亮话,而事实上却把这个革命拉向后退,事实上并没有超过君主派资产阶级的民主口号。

新火星派喜欢责难我们,说我们忽视无产阶级融化在资产阶级民主派之中的危险。我们倒很想看看,谁能根据俄国社会民主工党第三次代表大会的决议原文把这个责难证实一下。我们给我们的论敌的回答是:在资产阶级社会中行动的社会民主党,如果不时而在这种场合,时而在那种场合和资产阶级民主派**并肩**行进,就不能参加政治。在这方面,我们和你们的差别就是:我们和革命共和派资产阶级并肩行进,但不和它打成一片;而你们和**自由主义君主派资产阶级**并肩行进,也不和它打成一片。**实际情况就是如此。**

你们以代表会议的名义提出的策略口号和"立宪民主"党即**君主派资产阶级政党**的口号**相吻合**,可是你们没有觉察到、没有意识到这种吻合,这样,你们就在实际上成了**解放派的尾巴**。

我们以俄国社会民主工党第三次代表大会的名义提出的策略口号和民主革命共和派资产阶级的口号相吻合。这样的资产阶级和小资产阶级在俄国还没有形成一个大的人民政党①。可是,只有完全不了解俄国现在的实际情况的人,才会怀疑这样一个党的成分已经存在的事实。我们(在伟大的俄国革命胜利进行的情形下)不仅打算领导已由社会民主党组织起来的无产阶级,而且打算领导这个能够同我们并肩行进的小资产阶级。

代表会议的决议表明代表会议不自觉地**把自己降低**到自由主义君主派资产阶级的水平。党代表大会的决议却表明代表大会自觉地要把那些能够进行斗争而不会做经纪人的革命民主派分子**提高**到代表大会的水平。

这种分子在农民中最多。在按政治倾向来划分大的社会集团时,我们可以把革命共和民主派和农民群众看做同一个东西,这是不会有什么大错误的,当然,就像可以把工人阶级同社会民主党看做同一个东西一样,这要加上一些限定语和不言而喻的条件。换句话说,我们也可以把我们的结论表述如下:代表会议在革命时期

---

① "社会革命党"与其说是这样一个政党的萌芽,不如说是一个恐怖主义的知识分子集团,虽然这个集团所进行的活动的客观意义正好是要实现革命共和派资产阶级的任务。

提出的那些**全国性的**①政治口号,表明代表会议不自觉地**把自己降低到地主群众的水平**。党代表大会提出的那些全国性的政治口号,却表明代表大会要**把农民群众提高到革命的水平**。如果有人因为我们作出这种结论而责备我们爱发表怪论,那我们就向他挑战,要他去推翻下面这个论点:如果我们没有力量把革命进行到底,如果革命以解放派式的"彻底胜利",即仅仅以沙皇所召集的、只是在开玩笑时才可以叫做立宪会议的代表会议来**结束**,那么,这就是一个以**地主和大资产阶级的**成分占优势的革命。反之,如果我们注定要经历一场真正伟大的革命,如果历史在这一次不容许"流产",如果我们有力量把革命进行到底,进行到彻底的胜利——不是解放派也不是新火星派所说的那种彻底胜利,那么,这就是一个以农民和无产阶级的成分占优势的革命。

也许有人会认为,我们假定革命将以农民和无产阶级的成分占优势,就是不相信当前革命的资产阶级性质。在《火星报》滥用这个概念的情况下,这种看法是很可能产生的。因此,把这个问题拿来分析一下,就完全不是多此一举了。

---

① 我们不谈那些用单独的决议说明的只和农民有关的口号。

6. 无产阶级在和不彻底的资产阶级作斗争时被束缚住手脚的危险是从哪个方面来的？

马克思主义者绝对相信俄国革命是资产阶级性质的革命。这是什么意思呢？这就是说，那些对俄国来说是势在必行的政治制度方面的民主改革和社会经济方面的改革，就其本身来说，不仅不会摧毁资本主义，不仅不会摧毁资产阶级的统治，反而会第一次为资本主义的广泛而迅速的发展，即欧洲式的而不是亚洲式的发展，真正扫清基地，第一次使资产阶级这个阶级的统治成为可能。社会革命党人不可能了解这个思想，因为他们不懂得商品生产和资本主义生产发展规律的基本常识，他们看不出，即使农民起义完全成功，即使为着农民的利益和按照农民的愿望重新分配了全部土地("土地平分"或其他类似办法)，也丝毫不会消灭资本主义，反而会促进资本主义发展，加速农民本身的阶级分化。社会革命党人不了解这个真理，这就使他们成为不自觉的小资产阶级思想家。坚持这个真理，对社会民主党说来不仅在理论方面而且在政治实践方面都有重大的意义，因为由此得出的结论是，无产阶级政党在目前的"一般民主主义"运动中必须保持完全的阶级独立性。

　　但是,绝对不能从这里得出结论,说**民主**革命(按其社会经济内容来说是资产阶级革命)对无产阶级没有**巨大的**利益。绝对不能从这里得出结论,说民主革命不能以既主要有利于大资本家、金融巨头和"开明"地主又有利于农民和工人的形式来实现。

　　新火星派对资产阶级革命这个概念的内容和意义的理解是根本错误的。在他们的议论中经常透露出一种见解,以为资产阶级革命是只能产生有利于资产阶级的结果的革命。其实,这种见解是再错误不过的了。资产阶级革命是不超出资产阶级的即资本主义的社会经济制度范围的革命。资产阶级革命反映资本主义发展的需要,它不仅不会消灭资本主义的基础,反而会扩大并加深这种基础。因此,这个革命不仅代表工人阶级的利益,而且代表整个资产阶级的利益。既然在资本主义制度下资产阶级对工人阶级的统治是不可避免的,那就可以有充分的理由说,资产阶级革命与其说是代表无产阶级的利益,不如说是代表资产阶级的利益。可是,如果认为资产阶级革命完全不代表无产阶级的利益,那就是十分荒谬的想法。这种荒谬想法不是归结为陈旧的民粹主义理论,就是归结为无政府主义的思想,前者认为资产阶级革命同无产阶级的利益是矛盾的,因此我们不需要资产阶级的政治自由,后者认为无产阶级绝对不应当参加资产阶级政治,不应当参加资产阶级革命,不应当参加资产阶级议会。在理论上,这种想法是忘记了在商品生产的基础上资本主义必不可免地会发展起来这个马克思主义的起码的原理。马克思主义教导我们,以商品生产为基础并且和文明的资本主义国家发生交换关系的社会,在发展到一定的阶段时,自己也必不可免地要走上资本主义的道路。民粹主义者和无政府主义者说什么俄国可以避免资本主义发展,可以不经过在资本主义的基础上和范围内进行阶级斗争的道路,而经过其他道路来跳出或跳过这个资本主义。马克思主义坚决摒弃了他们的这种荒诞言论。

所有这些马克思主义的原理,无论是一般说来还是单就俄国说来,都是已经得到十分详细的证明和反复说明的。而根据这些原理就应当得出下面的结论:除了使资本主义向前发展以外,妄想在任何其他方面替工人阶级寻找出路,都是**反动的**。在像俄国这样一些国家里,工人阶级与其说是苦于资本主义,不如说是苦于资本主义发展得不够。因此,资本主义的最广泛、最自由、最迅速的发展,同工人阶级**有绝对的利害关系**。消灭一切妨碍资本主义广泛、自由和迅速发展的旧时代的残余,对工人阶级是绝对**有利的**。资产阶级革命正是要最坚决地扫除旧时代的残余,即农奴制残余(属于这种残余的不仅有专制制度,而且有君主制度),正是要最充分地保证资本主义获得最广泛、最自由和最迅速的发展。

因此,**资产阶级革命对无产阶级是极其有利的**。从无产阶级的利益着想,资产阶级革命是**绝对必要的**。资产阶级革命进行得愈充分、愈坚决、愈彻底,无产阶级为争取社会主义而同资产阶级进行的斗争就愈有保证。只有不懂得科学社会主义的起码常识的人,才会觉得这是一个新的或者是奇怪的、荒诞的结论。而根据这个结论还应当得出下面的原理:**从某种意义上说**,资产阶级革命对无产阶级要比对资产阶级**更加有利**。正是从下面这样一种意义上说这个原理是无可怀疑的:对资产阶级有利的是依靠旧时代的某些残余,例如君主制度、常备军等等来反对无产阶级。对资产阶级有利的是资产阶级革命不过分坚决地扫除旧时代的一切残余,而留下其中的某一些,就是说,要这个革命不十分彻底,不进行到底,不坚决无情。这个思想，社会民主党人时常用稍微不同的说法来表示，这就是资产阶级自己背叛自己，资产阶级出卖自由事业，资产阶级不能实行彻底的民主主义。对资产阶级更有利的是要资产阶级民主方面的种种必要的改革比较缓慢地、渐进地、谨慎地和不坚决地进行，即用改良的办法而不用革命的办法进行；要这些改革对"尊贵的"农奴制设施（如君主制度）尽可能谨慎些；要这些改革尽可能少发扬小百姓即农民特别是工人的革命的主动性、首创精神和毅力，因为不这样的话，工人就会更容易如法国人所说的，"把枪从一个肩膀移到另一个肩膀"，就是说，更容易用资产阶级革命供给他们的武器，用这个革命给予他们的自由，用清除了农奴制的基地上所产生的民主设施，来反对资产阶级本身。

反之，对工人阶级更有利的是要资产阶级民主方面的种种必要的改革恰恰不是经过改良的道路，而是经过革命的道路来实现，因为改良的道路是一条迁延时日的、迟迟不前的、使人民机体的腐烂部分慢慢坏死而引起万般痛苦的道路。由于这一部分的腐烂而首先感到痛苦和感到最大痛苦的是无产阶级和农民。革命的道路是迅速开刀、使无产阶级受到的痛苦最小的道路，是直接切除腐烂部分的道路，是对君主制度以及和君主制度相适应的令人作呕的、卑鄙龌龊的、腐败不堪的、臭气熏天的种种设施让步最少和顾忌最少的道路。

因此，我们的资产阶级自由派的刊物，就不仅仅是由于考虑到书报检查制度，不仅仅是由于畏惧当局，才对可能有革命道路感到悲哀，才害怕革命，拿革命来恐吓沙皇，设法避免革命，奴颜婢膝、低三下四地乞求实行小得可怜的改良来为改良主义道路打下基础。站在这个立场上的不仅有《俄罗斯新闻》、《祖国之子报》、《我们的生活报》、《现代报》**21**,并且还有秘密的、不受检查的《解放》杂志。资产阶级在资本主义社会中的阶级地位必然使它在民主革命中表现不彻底。无产阶级的阶级地位却使它成为彻底的民主主义者。资产阶级老是向后看,害怕势必使无产阶级壮大起来的民主进步。无产阶级失去的只是锁链,而它借助于民主制度获得的将是整个世界。① 所以,资产阶级革命在实行民主改革方面愈彻底,这个革命就愈少局限于仅仅有利于资产阶级的范围内。资产阶级革命愈彻底,就愈能保证无产阶级和农民在民主革命中获得利益。

马克思主义教导无产者不要避开资产阶级革命,不要对资产阶级革命漠不关心,不要把革命中的领导权交给资产阶级,相反地,要尽最大的努力参加革命,最坚决地为彻底的无产阶级民主主义、为把革命进行到底而奋斗。我们不能跳出俄国革命的资产阶级民主的范围,但是我们能够大大扩展这个范围,我们能够而且应当在这个范围内为无产阶级的利益而奋斗,为无产阶级当前的需要、为争取条件积蓄无产阶级的力量以便将来取得完全胜利而奋斗。有各种各样的资产阶级民主派。拥护参议院、"请求"施行普选制、同时在暗地里偷偷摸摸地就残缺不全的宪法和沙皇政府搞交易的君主派地方自治人士,是资产阶级民主派。拿着武器反对地主和官吏、带着"幼稚的共和主义情绪"提议"驱逐沙皇"②的农民,也是资产阶级民主派。资产阶级民主制度有德国那样的,也有英国那样的;有奥地利那样的,也有美国或瑞士那样的。一个马克

---

① 参看《马克思恩格斯选集》第 3 版第 1 卷第 435 页。——编者注
② 见《解放》杂志第 71 期第 337 页注 2。

思主义者在民主革命时代竟没有看到民主主义的这种程度上的差别，没有看到民主主义各种形式的性质上的区别，却专门"卖弄聪明"，说什么这反正是"资产阶级革命"，反正是"资产阶级革命"的果实，这样的马克思主义者可真是了不起。

我们的新火星派正好就是这样一些目光短浅但还以此自诩的聪明人。正是在必须善于区别共和主义革命派的资产阶级民主和君主主义自由派的资产阶级民主的时候和地方，他们却仅仅局限于谈论革命的资产阶级性质，至于区别不彻底的资产阶级民主主义和彻底的无产阶级民主主义，就更谈不上了。当问题是要在当前的革命中进行**民主主义的领导**，要强调**先进的民主的**口号，以区别于司徒卢威先生之流的叛卖性的口号，要直接而明确地指出无产阶级和农民的真正革命斗争的当前任务，以区别于地主和厂主的自由主义经纪人行为的时候，他们却满足于忧郁地谈论"各对立阶级相互斗争的过程"，——他们好像真的变成了"套中人"[22]。现在，问题的实质，你们诸位先生所没有看到的问题的实质，就在于我国的革命是以真正的伟大胜利来结束呢，还是仅仅以一种可怜的交易来结束；是要达到无产阶级和农民的革命民主专政呢，还是"倾注全力"去求得一纸自由派希波夫式的宪法！

初看起来，也许会觉得我们提出这个问题是完全离开了我们所讨论的题目。但是仅仅是初看起来才会觉得这样。事实上，这个问题正好就是现在俄国社会民主工党第三次代表大会的社会民主主义策略和新火星派代表会议所规定的策略之间已经十分清楚地显露出来的原则分歧的根源。现在，新火星派在解决对工人政党说来是更复杂、更重要和更迫切得多的问题即工人政党在革命时期的策略问题的时候，重新犯了"经济主义"的错误，结果就不是退两步而是退三步了。正因为如此,我们必须十分用心地分析上面所提出的问题。

在我们所摘录的新火星派的那部分决议中,指出了社会民主党在和资产阶级不彻底的政策作斗争时有束缚住自己手脚的危险,指出了社会民主党有融化在资产阶级民主派之中的危险。害怕这种危险发生的思想贯穿在一切典型的新火星派著作中,这个思想就是表现在我们党的分裂中的全部原则立场的真正关键(从这个分裂中的无谓争吵成分完全让位于向"经济主义"转变的成分时起)。我们坦率地承认:这种危险确实存在,而且正是在现在,在俄国革命处于最高潮的时候,这种危险特别严重。我们大家,即社会民主党的理论家或——我宁愿这样称呼自己——政论家,担负着一个刻不容缓的非常重大的任务,就是要弄清这种危险实际上**来自哪一方面**。因为我们的分歧的根源并不是争论有没有这种危险存在,而是争论这种危险是产生于"少数派"的所谓尾巴主义呢,还是产生于"多数派"的所谓革命主义。

为避免曲解和误会起见,我们首先指出,我们所说的危险不在主观方面,而在客观方面,不在社会民主党在斗争中所采取的形式上的立场方面,而在现在的整个革命斗争的物质结局方面。问题不在于某一部分社会民主党人是否愿意融化在资产阶级民主派之中,不在于他们是否意识到自己正在被融化,——现在谈不到这个问题。我们不相信有哪一个社会民主党人会怀着这种愿望,而且问题决不在于愿望。问题也不在于某一部分社会民主党人能否在整个革命过程中保持形式上的独立性、独特性、不依赖于资产阶级民主派的自主的地位。他们可以不仅宣布这种"独立",而且还在形式上保持这种"独立",可是**结局还可能是**他们在和资产阶级的不彻底性作斗争时被束缚住手脚。革命的政治上的最终结局可能是这样:虽然社会民主党能够保持形式上的"独立性",虽然社会民主党能够保持组织上的、即党的完全的独特性,但是它在事实上并不独立,并没有力量对事变的进程刻上自己的无产阶级独立性的标记,而且非常软弱,以致总的说来,归根到底,最后,它"融化"在资产阶级民主派之中终将成为一个历史事实。

这才是真正危险的所在。现在我们就来看看这个危险会来自哪一方面:是如我们所想的那样来自以新《火星报》为代表的社会民主党的右倾呢,还是如新火星派所想的那样来自以"多数派"、《前进报》等等为代表的社会民主党的左倾。

这个问题的答案,如我们已经指出的,取决于各种社会力量的行动客观上是怎样配合的。这些力量的性质在理论上已由马克思主义者对俄国现实的分析所确定,而现在在实践上又由各个集团和各个阶级在革命进程中的公开行动所确定。马克思主义者在我们这个时代以前很久就作出的全部理论分析,以及对革命事态的发展所进行的一切实际观察,都向我们表明,从客观条件看来,俄国革命可能有两种进程和结局。俄国的经济制度和政治制度实行资产阶级民主方面的改革是不可避免和不可排除的。世界上没有一种力量能阻止这种改革。但是,从实现这种改革的现有各种力量的行动的配合中,可能得出这种改革的两种结果或两种形式。二者必居其一:(1)或者结果是"革命对沙皇制度的彻底胜利";(2)或者是要取得彻底胜利力量不够,结果是沙皇政府和资产阶级中最"不彻底的"、最"自私自利的"分子搞交易。具体的细节和配合情况多种多样,谁也无法预见;但是总的说来,结局不外乎上述两种中的一种。

现在我们把这两种结局考察一下,首先从这两种结局的社会意义方面来考察,其次从社会民主党在前一种结局和后一种结局中的状况(社会民主党"融化"或被"束缚住手脚")来考察。

什么是"革命对沙皇制度的彻底胜利"呢?我们已经看到,新火星派使用这个概念时,连这个概念的最直接的政治意义都不了解。至于这个概念的阶级内容他们就更不了解了。我们马克思主义者,无论如何都不应当像现在许多革命民主主义者(如加邦之类)那样,让自己迷恋于"革命"或"俄国大革命"之类的**字眼**。我们应当确切地知道,究竟有哪些实在的社会力量反对"沙皇制度"(这是一种完全实在的而且是一切人都完全了解的力量),并且能够对它取得"彻底胜利"。大资产阶级、地主、厂主以及跟着解放派走的"社会人士"不可能是这样的力量。我们知道,他们甚至不愿意彻底胜利。我们知道,他们自己的阶级地位决定了他们不能和沙皇制度作坚决的斗争:他们带着私有财产、资本、土地等过分沉重的镣铐,不能去作坚决的斗争。他们非常需要用沙皇制度及其警察官僚和军事力量来反对无产阶级和农民,所以不能尽力去消灭沙皇制度。不,只有**人民**,即无产阶级和农民,才是能够取得"对沙皇制度的彻底胜利"的力量,我们是就主要的巨大的力量来说的,并且把农村小资产阶级和城市小资产阶级(也是"人民")分别算到了这两种力量中去。"革命对沙皇制度的彻底胜利",就是**无产阶级和农民的革命民主专政**。这一早已由《前进报》指出过的结论,是我们的新火星派怎么也无法避开的。除此而外,没有任何力量能够取得对沙皇制度的彻底胜利。

这样的胜利正好就是专政,就是说,它必不可免地要依靠军事力量,依靠武装群众,依靠起义,而不是依靠某种用"合法的"、"和平的方法"建立起来的机关。这只能是专政，因为实现无产阶级和农民所迫切需要而且绝对需要的改革，一定会引起地主、大资产者和沙皇制度的拼命反抗。没有专政，就不可能摧毁这种反抗，就不可能打破反革命的企图。但是，这当然不是社会主义的专政，而是民主主义的专政。它不能触动（如果不经过革命发展中的一系列中间阶段的话）资本主义的基础。它至多只能实行有利于农民的彻底重分土地的办法，实行彻底的和完全的民主主义，直到共和制为止，把一切亚洲式的、奴役性的特征不仅从农村生活中而且从工厂生活中连根铲除，奠定大大改善工人生活状况并提高其生活水平的基础，最后（最后但不是最不重要），把革命烈火烧到欧洲去。这样的胜利还丝毫不会把我国的资产阶级革命变为社会主义革命；民主革命不会直接越出资产阶级社会经济关系的范围；但是这样一种胜利，对俄国和全世界的未来的发展，都有极其重大的意义。除了已经在俄国开始的革命的这种彻底胜利以外，再没有什么东西能把全世界无产阶级的革命毅力提高到这种程度，再没有什么东西能把达到全世界无产阶级完全胜利的道路缩得这样短。

至于这种胜利的可能性如何，那是另一个问题。我们决不对此抱盲目乐观的态度，我们决不忘记这个任务的莫大的困难，但是我们既然去斗争，就应当希望获得胜利，应当善于指出达到这种胜利的真正的道路。能够获得这种胜利的趋势是肯定存在的。的确，我们社会民主党对无产阶级群众的影响还非常非常地不够；农民群众所受到的革命影响还微乎其微；无产阶级，特别是农民，还非常散漫，非常不开展，非常愚昧无知。但是革命能迅速地把人们团结起来，能迅速地使人们受到启发。革命每向前发展一步都能够唤醒群众，并且以不可抗拒的力量把群众吸引到革命的纲领方面来,因为这是唯一能彻底而完全地代表群众真正的切身利益的纲领。

力学的定律告诉我们:作用和反作用相等。在历史上,革命的破坏力量如何,在相当大的程度上也是以自由的趋向所受到的压迫如何厉害和如何长久为转移,以过时的"上层建筑"和现代的新生力量的矛盾如何深刻为转移。国际政治形势也在许多方面变得对俄国革命最为有利。工人和农民的起义已经爆发,它是零散的、自发的、软弱的,但是它无可争辩地、毫无疑义地证明存在着能作坚决斗争并能达到彻底胜利的力量。

如果这种力量不够,那么沙皇政府就来得及做成现在已经由布里根先生们和司徒卢威先生们两方面准备着的交易。那时,结果就会是一纸残缺不全的宪法,在最坏最坏的情况下,甚至会是对宪法的拙劣可笑的模仿。这也是"资产阶级革命",不过是流产,是早产儿,是发育不全的低能儿罢了。社会民主党不抱任何幻想,它知道资产阶级有变节的天性,它就是在最暗淡无光的日子,即在"希波夫式的"资产阶级宪法行时的日子,也不会灰心丧气,也不会抛弃自己在对无产阶级进行阶级教育方面所做的顽强的耐心的坚定不移的工作。这样的结局就会同19世纪在欧洲发生的几乎一切民主革命的结局多少有些相似,那时,我们党就会循着困难、艰苦、漫长、但已为我们所熟悉、已为人们所踏平的道路向前发展。

现在要问:在这两种可能的结局中的哪一种结局下,社会民主党在反对不彻底的自私自利的资产阶级时会真正被束缚住手脚,会真正"融化"或者几乎融化在资产阶级民主派之中呢?

这个问题只要明确地提出来,就不难马上给以回答。

如果资产阶级竟能通过与沙皇政府搞交易来破坏俄国革命,

那时社会民主党在反对不彻底的资产阶级时就会真正被束缚住手脚，那时社会民主党就会"融化"在资产阶级民主派之中，这就是说，无产阶级将不能对革命刻上自己的显著的标记，不能用无产阶级的方式，或者如马克思曾经说过的，"用平民方式"来对付沙皇制度。

如果革命能取得彻底的胜利，那时我们就能用雅各宾派[23]的方式，或者说，用平民的方式来对付沙皇制度。马克思于1848年在有名的《新莱茵报》上写道："全部法兰西的恐怖主义，无非是用来对付资产阶级的敌人，即对付专制制度、封建制度以及市侩主义的一种平民方式而已。"（见《马克思遗著》梅林版第3卷第211页）①那些在民主革命时代用"雅各宾主义"这种吓人的字眼来吓唬俄国社会民主主义工人的人，是否在什么时候思索过马克思这句话的意思呢？

现代俄国社会民主党中的吉伦特派，即新火星派，并没有和解放派打成一片，但是由于他们的口号的性质，他们已经在实际上成了解放派的尾巴。而解放派，即自由派资产阶级的代表，是想用柔和的、改良的办法来对付专制制度：能让步就让步，不得罪贵族和宫廷；小心谨慎，不打碎任何东西；殷勤周到，彬彬有礼，像绅士们一样戴上洁白的手套（如彼特龙凯维奇先生在血腥的尼古拉接见"人民代表"（？）时戴上的那副从刽子手手上脱下来的手套[24]，见《无产者报》第5号）。

现代社会民主党中的雅各宾派，即布尔什维克、前进派、代表大会派或者无产者派——我不知道该怎么说——想要用自己

---

① 见《马克思恩格斯选集》第3版第1卷第442页。——编者注

的口号,把革命共和派小资产阶级,特别是把农民提高到完全保持着自己的阶级独特性的无产阶级所具有的彻底民主主义的水平。他们要人民即无产阶级和农民"用平民方式"来对付君主制度和贵族,无情地消灭自由的敌人,用强力镇压敌人的反抗,决不对农奴制度、亚洲式暴政和对人肆意凌辱的万恶余孽作丝毫让步。

这当然不是说我们一定要仿效1793年的雅各宾派,套用他们的观点、纲领、口号和行动方式。完全不是这样。我们的纲领不是旧的,而是新的纲领,即俄国社会民主工党的最低纲领。我们有新的口号:无产阶级和农民的革命民主专政。如果我们达到革命的真正的胜利,我们还会有新的行动方式,同力求实现完全的社会主义革命的工人阶级政党的性质和目的相适应的行动方式。我们打这样一个比喻只是想说明,20世纪的先进阶级无产阶级的代表,即社会民主党人,也是分成两派(机会主义派和革命派),就像18世纪的先进阶级资产阶级的代表分成两派,即分成吉伦特派和雅各宾派一样。

只有在民主革命取得完全胜利的情况下,无产阶级在和不彻底的资产阶级作斗争时才不会被束缚住手脚;只有在这种情况下,无产阶级才不致"融化"在资产阶级民主派之中,而会对整个革命都刻上无产阶级的标记,或者说得更正确些,刻上无产阶级和农民的标记。

总而言之,无产阶级要在和不彻底的资产阶级民主派作斗争时不致被束缚住手脚,就应当有充分的觉悟和足够的力量把农民提高到自觉革命的程度,领导农民举行进攻,从而独立实行彻底的无产阶级的民主主义。

新火星派解决得极不妥当的所谓在和不彻底的资产阶级作斗争时有被束缚住手脚的危险的问题就是如此。资产阶级永远是不彻底的。企图拟定一些条件或条款①,以为履行了这些条件或条款,资产阶级民主派就能被当做并非虚伪的人民之友,那是再幼稚和再白费力气不过的了。只有无产阶级才能成为彻底的民主战士。只有农民群众加入无产阶级的革命斗争,无产阶级才能成为战无不胜的民主战士。如果无产阶级力量不够,做不到这一点,资产阶级就会成为民主革命的首领并且使这个革命成为不彻底的和自私自利的革命。要防止这种危险,除了实行无产阶级和农民的革命民主专政以外是没有别的办法的。

于是我们就得出一个无可怀疑的结论,即新火星派的策略客观上正是**为资产阶级民主派效劳的**。鼓吹组织界限模糊,以至于主张实行"全民投票制",实行协商的原则,使党的出版物脱离党;贬低武装起义的任务;把革命无产阶级的全民政治口号和君主派资产阶级的全民政治口号混淆起来;曲解"革命对沙皇制度的彻底胜利"的条件,——所有这些综合起来,就正好构成了革命时期的尾巴主义政策,这个政策不仅不指出达到胜利的唯一道路,不仅不把人民中的一切革命共和派分子吸引到无产阶级口号下面来,反而把无产阶级引入迷途,瓦解它的队伍,扰乱它的意识,贬低社会民主党的策略。

————

为了证实我们在分析决议的基础上得出的这个结论,我们再

————

① 斯塔罗韦尔在他那个被第三次代表大会取消了的决议25中就试图这样做;代表会议在同样不妥当的决议中也试图这样做。

从其他方面来考察一下这个问题。首先,我们来看看一个不大聪明但说话坦率的孟什维克是如何在格鲁吉亚《社会民主党人报》上解释新火星派的策略的。其次,我们再看看事实上究竟是谁在当前的政治环境中利用新《火星报》的口号。

7. "把保守派排斥于政府之外"的策略

我们在上面提到过的孟什维克梯弗利斯"委员会"机关报（《社会民主党人报》第 1 号）上的那篇论文，叫做《国民代表会议和我们的策略》。该文作者还没有完全忘记我们的纲领，他提出了共和制的口号，但是他谈到策略问题时却说：

"为了达到这个目的（共和制），可以指出两条道路：一条道路是毫不理会政府所召集的国民代表会议，拿着武器去打倒政府，组织革命政府，召集立宪会议；另一条道路是宣布国民代表会议为我们活动的中心，拿着武器来影响它的成分和它的活动，并用强力迫使它宣布自己为立宪会议，或通过它来召集立宪会议。这两种策略是极不相同的。现在我们来看看，究竟哪一种策略对我们更有利。"

看吧，俄国的新火星派分子就是这样叙述后来体现在我们所分析过的那个决议中的思想的。请注意，这是在对马事件[26]以前写的，当时布里根"草案"还根本没有出世。当时，甚至连自由派都已失去耐心，并且在合法的刊物上表示不信任的态度，但这位社会民主党新火星派分子却比自由派表现得更为轻信。他宣布国民代表会议"正在召集"，并且非常相信沙皇，竟主张把这个还不存在的国民代表会议（也许是"国家杜马"或"立法咨议会"

吧?)当做我们活动的中心。我们的这位梯弗利斯人比代表会议上通过的那个决议的起草人坦白直率,他不是把(他叙述得无比幼稚的)两种"策略"等量齐观,而是宣布第二种策略"更有利"。请听吧:

"第一种策略。大家知道,当前的革命是资产阶级的革命,就是说,它的目标是要把现存制度改变得不仅有利于无产阶级,而且有利于整个资产阶级社会。一切阶级,甚至连资本家自己,都对政府持反对态度。战斗着的无产阶级和战斗着的资产阶级在某种意义上说来是一起行进,一起从不同的方面攻击专制制度的。政府在这里已经完全孤立,得不到社会的同情。因此,要消灭①它是很容易的。整个俄国无产阶级的觉悟程度和组织程度还不高,因而还不能单独实现革命。如果它能够这样做,它就不会去实现资产阶级革命而是去实现无产阶级(社会主义)革命了。所以,我们的利益就是要使政府找不到同盟者,使它不能把反对派分开,不能把资产阶级拉过去而使无产阶级陷于孤立地位……"

总之,无产阶级的利益就是要使沙皇政府不能把资产阶级和无产阶级分开!这个格鲁吉亚机关刊物竟然不叫做《解放》杂志而叫做《社会民主党人报》,这莫非是弄错了?看吧,这简直是民主革命的举世无双的哲学!在这里我们难道不是亲眼看到这位可怜的梯弗利斯人已被"资产阶级革命"这个概念的说教式的尾巴主义解释彻底弄糊涂了吗?他讨论无产阶级在民主革命中可能陷于孤立的问题,可是**忘记了**……忘记了一件小事情……忘记了农民!在无产阶级的可能的同盟者中间,他知道并且看中了地方自治人士-地主,却不知道有农民。而这是在高加索啊!那么,我们说新《火星报》的议论表明它不是把革命的农民提高到自己的同

① 列宁在手稿上加在"消灭"一词后面的"(??)"已被勾掉。——俄文版编者注

盟者的地位,而是把自己降低到君主派资产阶级的水平,——这难道说得不对吗?

"……否则无产阶级的失败和政府的胜利就是不可避免的。这正是专制政府努力争取的。它在国民代表会议中毫无疑问会把贵族、地方自治机关、城市和大学等等资产阶级设施①的代表们拉过去。它会设法用一些微小的让步来笼络他们,从而使他们和自己和解。它用这样的手段把自己巩固起来之后,就会把它的全部力量用来打击已经陷于孤立的工人大众。我们的责任就是要防止这种不幸的结局。但是,难道这是通过第一条道路可以做到的吗?假定我们丝毫不理会国民代表会议而独自着手准备起义,并且有那么一天拿起武器跑到街上去斗争。那时,我们碰到的敌人就会不是一个而是两个,即政府和国民代表会议。当我们还在作准备的时候,它们已经协商好了②,彼此达成了协议,制定了有利于它们的宪法,并且把政权瓜分掉了。这是直接有利于政府的策略,我们应当最坚决地拒绝……"

说得多么坦白啊!必须坚决拒绝准备起义的"策略",因为政府会"在这个时候"和资产阶级做交易!恐怕就是在最顽固的"经济主义"的旧著作中,也找不到任何近似于这种玷污革命社会民主运动的论调的东西。时而在这里、时而在那里发生的工人和农民的起义和风潮已经是事实。国民代表会议只是布里根的诺言。而梯弗利斯市的《社会民主党人报》却下定决心拒绝准备起义的策略,等候着"影响的中心",即国民代表会议……

---

① 手稿上接着有一段已被勾掉的列宁的话:"贵族、大学等等资产阶级设施!应当再来读读《工人思想报》,好看到这样幼稚庸俗的'马克思主义'!"——俄文版编者注
② 手稿上列宁的下面的话已被勾掉:"好个雅各宾主义!竟'准备'起义!"——俄文版编者注

"……反之,第二种策略是要把国民代表会议置于我们的监督之下,不让它按自己的意志行动①,不让它和政府妥协②。

我们支持国民代表会议,是因为它和专制政府作斗争,而当它和专制政府和解的时候,我们就和它作斗争。我们要用强硬的干涉和强力把代表们彼此分开③,把激进派拉过来④,把保守派排斥于政府之外,从而使整个⑤国民代表会议走上革命的道路。由于采用这样一种策略,政府就会经常陷于孤立,反对派⑥就会强大,这样,民主制度就容易建立起来。"

好了,好了!现在让人们去说我们夸大新火星派转向最庸俗的"经济主义"方面的事实吧。这和驰名的杀蝇药粉简直毫无二致:先把苍蝇捉住,然后把药粉撒在它身上,于是苍蝇就杀死了。用**强力**把国民代表会议的代表们分开,"把保守派排斥于政府之外",于是**整个**国民代表会议就会走上**革命的道路**…… 根本用不着"雅各宾式的"武装起义,而只要随随便便地、温文尔雅地、用近乎议会的方式来"**影响**"**国民代表会议的成员**就行了。

可怜的俄国啊!人们说它总是戴着欧洲早已抛弃了的旧式帽

---

① 手稿上列宁的下面的话已被勾掉:"哎呀!真是太太太革命了!"——俄文版编者注

② 用什么办法去剥夺国民代表会议成员们的意志呢?是用特制的石蕊试纸**27**吗?

③ 天啊!这是多么"深奥的"策略!没有力量在街上斗争,却可以"用强力""把代表们分开"。梯弗利斯的同志,请你听着,胡扯也要有个限度……

④ 手稿上列宁的下面的话已被勾掉:"可怜的司徒卢威!他可是一个有名的激进派!什么样的命运啊——竟被用强力拉入新火星派……"——俄文版编者注

⑤ 手稿上列宁的下面的话已被勾掉:"请听啊!请听啊!"——俄文版编者注

⑥ 手稿上列宁的下面的话已被勾掉:"不包括'遭到排斥的'保守派吗?"——俄文版编者注

子。我们这里还没有议会,甚至布里根也没有答应设立议会,但议会迷**28**却已经要多少就有多少了。

"……这种干涉应当怎样实现呢?首先,我们要求国民代表会议按普遍、平等、直接和无记名投票的选举制召集。在公布①这种选举手续时,必须以法律规定②竞选鼓动的充分自由,即集会、言论和出版的自由,规定选举人和被选举人不受侵犯,规定释放一切政治犯。选举日期应当尽可能规定得晚一些,好使我们有充分时间来让人民了解情况和进行准备。既然关于召集国民代表会议的条例是委托内务大臣布里根的委员会去制定,我们就应当去影响这个委员会和它的委员③。如果布里根委员会拒绝满足我们的要求④,而只赋予有产者以代表选举权,我们就应当干涉这种选举,用革命的手段强迫选举人选举先进的候选人,并且在国民代表会议中要求召集立宪会议**29**。最后,用各种各样的办法,如示威、罢工以及在必要时举行起义,迫使国民代表会议召集立宪会议或者宣布自己为立宪会议。立宪会议的保卫者应当是武装起来的无产阶级,而它们二者是会一同⑤走向民主共和制的。

这就是社会民主党的策略,也只有这个策略才能保证我们获得胜利。"

读者不要以为这一大篇不可思议的谬论只是某个不重要的和没有威望的新火星派分子的习作。不是的,这是在新火星派的一个委员会即梯弗利斯委员会的**机关报**上说出来的。不仅如此,这篇谬论还受到《火星报》的**直接称赞**,《火星报》第 100 号对这个《社会民主党人报》有如下一段评论:

"**第 1 号**编得生动而有才气。显然可以看出编者兼作家很有经验和才能…… 可以肯定地说,这个报纸一定会出色地完成它给自己提出的任务。"

---

① 是在《火星报》上公布吗?
② 是由尼古拉来规定吗?
③ "把保守派排斥于政府之外"的策略原来就是这么一回事!
④ 我们既有如此正确而深奥的策略,是决不会发生这种事情的!
⑤ 是武装起来的无产阶级和"被排斥于政府之外的"保守派吗?

是呀！如果这个任务是要向一切人具体表明新火星派在思想上已经完全腐化,那么这个任务真是"出色地"完成了。谁也不能更加"生动、有才气和有才能地"表现出新火星派已经堕落到自由派资产阶级机会主义的地步。

8. 解放派和新火星派

现在,我们来看另一个具体证实新火星派的政治作用的事实。

司徒卢威先生在《怎样认识自己的使命》这篇卓越的、超群出众的、极有教益的论文(《解放》杂志第 71 期)中,猛烈地攻击我国各极端党派的"纲领的革命主义"。司徒卢威先生对我个人更是特别不满。① 至于我自己,那我对司徒卢威先生是再满意不过了,

---

① "和列宁先生及其各位同志先生的革命主义比较起来,倍倍尔以至考茨基的西欧社会民主党的革命主义就成为机会主义了,但是就连这个已经变得温和了的革命主义的基础也已经受到历史冲刷并被彻底摧毁了。"好厉害的攻击。不过司徒卢威先生以为可以把我当做死人来随便诬赖,是徒劳无益的。我只要向司徒卢威先生提出下面这个挑战就够了,这个挑战是他永远不能接受的。试问:我在什么地方和什么时候把"倍倍尔和考茨基的革命主义"叫做机会主义的? 我在什么地方和什么时候企图在国际社会民主运动中创立任何一种同倍倍尔和考茨基两人的派别**不相同**的特别派别呢? 究竟在什么地方和什么时候曾经暴露过我同倍倍尔和考茨基两人间的意见分歧,即使是就严重性来说和倍倍尔同考茨基例如在布雷斯劳代表大会上关于土地问题的分歧**30**稍微有点近似的分歧呢? 让司徒卢威先生试着来回答这三个问题吧。

　　而我们要告诉读者:自由派资产阶级**随时随地**都在运用的手法就是说服他们的本国同道者相信本国的社会民主党人最缺乏理性,而邻国的社会民主党人都是"好孩子"。德国资产阶级曾经**几百次地**把法国社会党人说成"好孩子"以训诫倍倍尔们和考茨基们。法国资产阶级

因为在我同新火星派中日渐复活的"经济主义"和"社会革命党人"那种毫无原则的立场进行斗争时，司徒卢威先生是我的最好的同盟者。司徒卢威先生和《解放》杂志怎样在实际上证明了社会革命党人纲领草案中对马克思主义所作的种种"修正"的全部反动性，我们下次有机会时再说。关于司徒卢威先生每次**在原则**上称赞新火星派时总是给我一种诚实、可靠和真正的帮助这一点，我们已经说过多次①，而现在我们还要再说一次。

　　司徒卢威先生的这篇论文中有许多极有趣的声明，我们在这里只能顺便指出一下。他打算"不依靠阶级斗争而依靠阶级合作来创立一个俄国民主党"，而"处于社会特权地位的知识界"（如司徒卢威先生用真正上流社会的……奴仆的毕恭毕敬姿态加以恭维的"文化贵族"之类）就会把"自己的社会地位的重量"（钱包的重

在不久以前也把倍倍尔说成"好孩子"以训诫法国社会党人。司徒卢威先生，这是老一套的手法！只有小孩和不学无术的人才会上你的圈套。国际革命社会民主党在一切重大的纲领问题和策略问题上的完全一致，是绝对无可争辩的事实。

① 请读者回想一下，《不该这么办》这篇论文（《火星报》第52号）曾受到《解放》杂志的十分热闹的欢迎，被认为是向机会主义者让步的一个"重大的转变"。新火星派的原则趋向，《解放》杂志在一篇论俄国社会民主党人分裂问题的短评中特别加以赞扬。关于托洛茨基的小册子《我们的政治任务》，《解放》杂志指出，该书作者的思想同工人事业派分子克里切夫斯基、马尔丁诺夫和阿基莫夫曾经写过和说过的东西是一致的（见《前进报》出版的传单《一个热心效劳的自由派》）。（《列宁全集》中文第2版增订版第9卷第55—58页。——编者注）。马尔丁诺夫论两种专政的小册子受到了《解放》杂志的欢迎（见《前进报》第9号的短评）。（同上，第289—290页。——编者注）。最后，斯塔罗韦尔事后对旧《火星报》的旧口号"先划清界限，然后统一"的抱怨得到了《解放》杂志的特别的同情。

量）带到这个"非阶级的"党里面来。司徒卢威先生表示愿意让青年知道，"资产阶级惊慌起来而叛卖了无产阶级和自由事业这种激进主义的滥调"是毫无价值的。（我们衷心欢迎这种愿望。司徒卢威先生攻击这一马克思主义的"滥调"，只会再好不过地证实这个"滥调"的正确。司徒卢威先生，请不要把你这个出色的计划束之高阁吧！）

我们认为，就我们所讨论的问题来说，重要的是指出这个政治上很敏感的和极其善于随机应变的俄国资产阶级代表目前所攻击的究竟是哪些**实践**口号。第一，是共和主义的口号。司徒卢威先生坚信，这个口号"对人民群众来说是不可理解的和格格不入的"（他忘记补充一句：对资产阶级来说是可以理解的，但对它是不利的！）。我们很想看看，司徒卢威先生从那些参加我们的小组和我们的群众大会的工人方面会得到什么样的答复！或许工人不算人民？那农民呢？用司徒卢威先生的话说，农民有一种"幼稚的共和主义"思想（"驱逐沙皇"），但是自由派资产阶级相信，将来代替**幼稚的**共和主义的不是自觉的共和主义，而是自觉的君主主义！司徒卢威先生，这要看情况，这还要以情况为转移。无论沙皇政府还是资产阶级，都不能不反对用剥夺地主土地的办法来根本改善农民状况，而工人阶级却不能不在这方面帮助农民。

第二，司徒卢威先生断言，"在国内战争中，进攻的一方总是没有道理的"。这种思想和上面所指出的新火星派的倾向非常相近。我们当然不会说，在国内战争中进攻**总是**有利的；不，有时候防御的策略**暂时**也是必要的。但是，把司徒卢威先生所提出的这样一个论点应用于1905年的俄国，恰好就证实了那一点儿"激进主义的滥调"（"资产阶级惊慌起来而叛卖自由事业"）。现在，谁

不愿向专制制度、向反动势力进攻,不准备这种进攻,不宣传这种
进攻,他就是徒具革命拥护者的虚名。

司徒卢威先生斥责"秘密活动"和"骚乱"(说这是"小型的起
义")这两个口号。司徒卢威先生对前后两者都表示鄙弃——是
从"接近群众"的观点来加以鄙弃的!我们倒要问问司徒卢威先
生,他能不能在他认为是一个极端革命主义者的人所写的例如
《怎么办?》①这样的著作中指出鼓吹骚乱的言论来?至于说到
"秘密活动",那么像我们和司徒卢威先生之间的区别难道是很大
的吗?我们双方不是都办着"不合法的"报纸,并且"秘密地"运到
俄国去供给"解放社"或俄国社会民主工党的"秘密"团体吗?我
们的工人群众集会经常是"秘密"举行的,——确实是这样。而解
放派先生们的会议又是怎样的呢?司徒卢威先生,你在这种可鄙
的秘密活动的可鄙的拥护者面前有什么可骄傲自大的呢?

当然,运送武器给工人是需要严守秘密的。司徒卢威先生在
这里已经说得比较直率了。请听吧:"至于武装起义或者革命的
技术问题②,那只有广泛宣传民主纲领,才能造成全面武装起义的
社会心理条件。这样,甚至从我不赞同的观点,即武装起义是当前
解放斗争**必不可免的**结局这样一个观点看来,把民主改革的思想
灌输给群众,也是最基本、最必需的事情。"

司徒卢威先生力图回避问题。他说起义必不可免,而不说起
义对保证革命的胜利是必要的。无准备的、自发的、零散的起义已
经开始了。谁也不能绝对担保它会发展为统一而完整的人民武装

---

① 见《列宁全集》中文第 2 版增订版第 6 卷第 1—183 页。——编者注
② 手稿上列宁的下面的话已被勾掉:"开始抄袭新《火星报》了。"——俄
　文版编者注

起义,因为这取决于革命力量的情况(只有在斗争中才能完全衡量出来),取决于政府和资产阶级的行为,以及其他许多无法准确估计的情况。关于必不可免的问题,即司徒卢威先生避开正题而加以赘述的绝对相信具体事变必然到来的问题,根本用不着去谈论。如果你愿意成为革命的拥护者,那就应当谈谈起义是否**为保证**革命**胜利所必需**,是否必须积极提出起义,进行宣传,并且立刻大力加以准备。司徒卢威先生不会不了解这种区别,例如,他并不用在当前革命过程中必不可免地会获得普选制的问题来掩盖必须实行普选制的问题,前者在政治家看来是一个可以争论但并不迫切的问题,后者在民主派看来却是个无可争论的问题。司徒卢威先生避开必须举行起义的问题,这就表明了自由派资产阶级的政治立场的真相。第一,资产阶级宁愿和专制政府搞交易,而不愿把它粉碎;资产阶级无论如何都想把武装斗争的重担推给工人(这是第二)。这就是司徒卢威先生采取回避问题的态度的**真实**意义。这就是他从必须举行起义的问题**倒退**到起义的"社会心理"条件的问题,**倒退**到预先"宣传"的问题上的原因。1848年法兰克福议会里的资产阶级空谈家在必须给政府的武装力量以反击的时候,在运动使武装斗争"已成为必要"的时候,在纯粹口头说服的办法(在准备时期万分需要的办法)已经变成卑鄙的资产阶级的怠工和怯懦表现的时候,竟埋头于起草决议、宣言和决定,埋头于"广泛的宣传"和准备"社会心理条件",同样,现在司徒卢威先生也是用**空话**作护身符来回避起义问题。司徒卢威先生向我们具体表明了许多社会民主党人顽固地闭眼不看的事实,即革命时期和历史上普通的寻常的准备时期不同的地方,就在于群众的情绪、激愤和信念应当表现于**行动**,而且确实表现于**行动**。

庸俗的革命主义不了解言也是行的道理。这个道理肯定地可以用于**一般的**历史时代或者没有群众的公开政治发动的历史时代,而群众的这种发动不是任何盲动所能替代的,也不是能够人为地造成的。革命家的尾巴主义不了解:当革命的时期已经开始,旧的"上层建筑"已经到处都是裂缝,替自己创造着新的上层建筑的阶级和群众的公开政治发动已经成为事实,国内战争已经爆发的时候,**照旧**局限于"言"而不提出"行"的**直接口号**,借口"心理条件"和一般"宣传"而不肯行动起来,就是毫无生机,就是死气沉沉,就是说教,或者说,就是出卖革命和背叛革命。法兰克福的民主派资产阶级空谈家,就是这种背叛行为或这种愚蠢说教的遗臭万年的历史实例。

你们要我们根据俄国社会民主运动的历史来说明庸俗的革命主义和革命家的尾巴主义之间的这个区别吗?我们就来向你们作这样的说明吧。请你们回忆一下 1901 — 1902 年这个刚刚过去不久但现在对我们来说似乎已成为一种遥远传说的年代吧。游行示威开始了。庸俗的革命主义叫喊"冲锋"(《工人事业》杂志)[31],分发"血的传单"(我记得仿佛是从柏林发出的),攻击主张通过报纸来进行全俄鼓动的思想,说它是"文人清谈"和书生习气(纳杰日丁)[32]。反之,革命家的尾巴主义当时却鼓吹"经济斗争是政治鼓动的**最好的**手段"。革命的社会民主党抱什么态度呢?它抨击了这两个流派。它斥责了轻举妄动的行为和冲锋的喊叫,因为当时大家都清楚地看到或者应当看到,公开的群众发动还是明天的事情。它斥责了尾巴主义,并直接提出了**甚至**全民武装起义的口号,但不是作为直接的号召(司徒卢威先生当时从我们的言论中是找不到关于"骚乱"的号召的),而是作为一种**必要的**结论,作为一种

"宣传"（关于这种"宣传"，司徒卢威先生只是在现在才想起来，——我们的可敬的司徒卢威先生，他总是要迟误几年），是为了准备那些由惊慌失措的唯利是图的资产阶级代表人物现在正"愁眉苦脸地和不合时宜地"叨念着的"社会心理条件"。**当时**，宣传和鼓动，鼓动和宣传，确实是由客观情况提到了首要地位。**当时**，可以提出（而且已经在《怎么办?》里面提出来了）出版全俄政治报纸作为起义的准备工作的试金石，而这种报纸每周出版一次也是很理想的。**当时**，**不要**实行直接的武装发动，而要进行群众性的鼓动，**不要**轻举妄动，而要准备起义的社会心理条件等口号，是革命社会民主派唯一正确的口号。**现在**，这些口号已经落在事变后面，运动已经前进了，这些口号已成为废物，成为只适于掩盖解放派的伪善和新火星派的尾巴主义的破衣烂衫了！

也许是我弄错了？也许革命还没有开始？各个阶级的公开的政治发动的时机还没有到来？国内战争还没有发生，因而武器的批判还不应当立刻成为批判的武器的**必需的**和责无旁贷的后继者、继承者、遗志执行者、未竟事业的完成者？

向自己的周围看看，把头伸出书房向街上看看，就能回答这些问题。难道政府自己不是正在到处大批枪杀手无寸铁的和平公民，从而已经开始了国内战争吗？难道全副武装的黑帮不是作为专制制度的"凭据"而活动的吗？难道资产阶级——甚至资产阶级——不是已感觉到有成立民兵的必要吗？难道司徒卢威先生，这位极其温和谨慎的司徒卢威先生，不是在说（唉，不过是为了推托而说说罢了！）"革命行动的公开性质〈看我们现在怎么样!〉现在是对人民群众产生教育作用的最重要的条件之一"吗？

一个有眼可看的人，他就不会不相信革命的拥护者现在应当提出武装起义的问题。请看那些对**群众**多少有点影响的自由报刊所发表的关于这个问题的**三种**提法吧。

第一种提法是俄国社会民主工党第三次代表大会的决议①中的提法。它认定并且大声宣称一般民主主义革命运动**已使**武装起义**成为必要**。组织无产阶级举行起义的问题已经提到日程上来，成为党的极重要的、主要的和**必要的**任务之一。要求采取**最有力的**措施来武装无产阶级和保证有可能直接领导起义。

----

① 下面是这个决议的全文：

"鉴于：

（1）无产阶级，就其本身的地位而言，是最先进和唯一彻底革命的阶级，因而担负着在俄国一般民主主义革命运动中起领导作用的使命，

（2）目前这个运动已经发展到必须举行武装起义，

（3）无产阶级必然会最积极地参加这一起义，这将决定俄国革命的命运，

（4）社会民主工党不仅在思想上而且在实践中领导无产阶级的斗争，无产阶级只有在社会民主工党的旗帜下团结成统一的和独立的政治力量，才能在这个革命中起领导作用，

（5）只有实现这一作用，才能保证无产阶级获得最有利的条件去反对资产阶级民主俄国的有产阶级，争取社会主义，

俄国社会民主工党第三次代表大会认为，组织无产阶级举行武装起义来直接同专制制度斗争是党在目前革命时期最主要最迫切的任务之一。

因此代表大会责成各级党组织：

（一）通过宣传和鼓动给无产阶级不仅讲清楚即将来临的武装起义的政治意义，而且讲清楚这一起义的组织实践方面的问题；

（二）在宣传鼓动时要说明群众性政治罢工的作用，这种罢工在起义开始时和起义进程中都具有重要意义；

（三）要采取最有力的措施来武装无产阶级以及制定武装起义和直接领导武装起义的计划，必要时应设立由党的工作者组成的专门小组来进行这项工作。"（这是作者为1907年版加的注释。——编者注）

第二种提法是"俄国立宪党人的领袖"(这是欧洲资产阶级一家很有影响的报纸《法兰克福报》[33]不久前给予司徒卢威先生的称号)或俄国进步资产阶级的领袖在《解放》杂志上发表的那篇原则性的论文中的提法。他不赞同起义必不可免的意见。秘密活动和骚乱是缺乏理性的革命主义的特殊手段。共和主义是用来吓唬人的。武装起义其实只是一个技术问题,而"最基本、最必需的事情"是广泛宣传和准备社会心理条件。

第三种提法是新火星派代表会议的决议中的提法。我们的任务是准备起义。举行有计划的起义是不可能的,起义的有利条件,是由政府的紊乱、我们的鼓动、我们的组织工作造成的。只有在那时,"技术上的战斗准备工作才能具有比较重要的意义"。

就只是这样吗?就只是这样。无产阶级的新火星派领导者还不知道起义是否已成为必要,他们还不清楚组织无产阶级去进行直接斗争的任务是否已经刻不容缓。没有必要号召采取最有力的措施;更重要得多的(在1905年,而不是在1902年),是大体上说清楚这些措施在什么条件下"才能"具有"比较重要的"意义……

新火星派的同志们,你们现在是否知道你们向马尔丁诺夫主义的转变已把你们引到什么地方去了?你们是否明白你们的政治哲学原来是解放派哲学的旧调重弹?你们是否明白你们已经成了(尽管你们不愿意,尽管你们没有意识到)君主派资产阶级的尾巴?你们现在是否清楚,当你们重弹旧调和提高说教水平的时候,你们竟没有看到——用彼得·司徒卢威那篇令人难忘的论文中的一句令人难忘的话来说——"革命**行动**的公开性质现在是对人民群众产生教育作用的最重要的条件之一"这样一个事实?

9. 什么是在革命时期做一个持极端反对派态度的政党？

现在我们再回头来考察关于临时政府的决议。我们已经指出，新火星派的策略并不是把革命推向前进——虽然他们也许是想用自己的决议来保证把革命推向前进——而是把它拉向后退。我们已经指出，正是这种策略**使**社会民主党在和不彻底的资产阶级作斗争时**被束缚住手脚**，并且不能预防融化在资产阶级民主派之中的危险。从决议的不正确的前提中，自然就得出不正确的结论："因此，社会民主党不应当抱定夺取政权或在临时政府中分掌政权的目的，而应当始终如一地做一个持极端革命反对派态度的政党。"请看看这个结论的前一半即提出目的的这一半吧。新火星派是否提出革命对沙皇制度的彻底胜利作为社会民主党活动的目的呢？是提出来了。他们不善于正确表述彻底胜利的条件而错误地用了"解放派"的说法，但是他们毕竟提出了上面那个目的。其次，他们是不是把临时政府和起义联系了起来呢？是的，他们直接把这两件事情联系了起来，说临时政府是"来自胜利的人民起义"。最后，他们是否提出领导起义作为自己的目的呢？是的，他们虽然也像司徒卢威先生一样躲躲闪闪，不肯承认起义是必要的和刻不容缓的，但是又和司徒卢威先生不同，他们同时还说"社会民主党力求使它（起义）**服从于**自己的影响和**领导**，并利用它来为工人阶级谋利益"。

这岂不是说得头头是道吗？我们的**目的**是使无产阶级群众和**非无产阶级**群众的起义服从于我们的影响和我们的领导，并利用它来为我们自己谋利益。所以我们的目的是在起义时既领导无产阶级，又领导革命的资产阶级和小资产阶级（"非无产阶级的集团"），就是说，由社会民主党和革命资产阶级"**分掌**"起义的领导权。我们的目的是使起义**胜利**，以便成立临时政府（"来自胜利的人民起义的"临时政府）。**因此**……因此我们不应当抱定夺取政权或在临时革命政府中分掌政权的目的！！

我们的朋友无论如何都不能自圆其说。他们动摇于司徒卢威先生的观点和革命的社会民主党的观点之间，司徒卢威先生托辞拒绝起义，而革命的社会民主党则号召着手实现这个刻不容缓的任务。他们动摇于无政府主义和马克思主义之间，无政府主义在原则上把任何参加临时革命政府的行为都斥责为背叛无产阶级，而马克思主义则要求在社会民主党对起义能起领导作用的条件下参加临时革命政府。① 他们没有任何独立的立场：既不采取司徒卢威先生那种要和沙皇政府搞交易因而必然在起义问题上躲躲闪闪、支吾搪塞的立场，又不采取无政府主义者那种斥责任何"从上面"行动和任何参加资产阶级革命的行为的立场。新火星派把同沙皇政府搞交易和对沙皇制度的胜利混为一谈。他们想参加资产阶级革命。他们比马尔丁诺夫的《两种专政》稍稍前进了一点。

---

① 见《无产者报》第3号《论临时革命政府》第二篇文章。（《列宁全集》中文第2版增订版第10卷第232—240页。——编者注）

他们甚至同意领导人民的起义，但是主张起义胜利后（也许是在起义就要胜利时？）马上放弃领导，即**主张不享受胜利的果实**，而要把一切果实**统统**奉送给**资产阶级**。这就是他们所谓的"利用起义来为工人阶级谋利益"……

用不着再继续分析这个糊涂观念了。倒不如来考察一下用"始终如一地做一个持极端革命反对派态度的政党"这句话表述出来的这个糊涂观念的**起源**吧。

这句话是我们很熟悉的国际革命社会民主运动的原理之一。这是一个完全正确的原理。它已经成了议会制国家中一切反对修正主义或反对机会主义的人的口头禅。它是大家公认的对"议会迷"，对米勒兰主义，对伯恩施坦主义**34**，对屠拉梯式的意大利改良主义的一种正当而必要的回击。我们的好心的新火星派把这个很好的原理背得烂熟，并且热心地把它运用得……**十分地不恰当**。在针对不存在任何议会的情况而写的决议中，竟提出了议会斗争的范畴。"反对派"这个概念是谁也不会认真地谈到**起义**的那种政治形势的反映和表现，现在却不恰当地搬到起义**已经开始**而且一切拥护革命的人都想着并说着要领导起义这样的形势中来。**正是在革命已经提出必须在起义胜利时从上面行动的问题的时候**，竟郑重其事地、大叫大嚷地表示要"**始终如一地**"像从前那样行动，即仅仅"从下面"行动。

我们的新火星派真是倒霉极了！他们甚至在表述出正确的社会民主主义原理时，也不会正确地运用这个原理。他们没有想到，在革命已经开始的时期，在没有议会的情况下，在国内战争正进行的时候，在起义正爆发的时候，议会斗争的种种概念和术语都会变成自己的反面。他们没有想到，在这样的条件下，修正案是通过游行示威提出的,质询是通过武装起来的公民的进攻行动提出的,反对政府是通过暴力推翻政府来实现的。

正像我国民间故事里那个出名的人物**35**总是恰巧在不适当的场合重复他的吉利话一样,我们的马尔丁诺夫的信徒也是恰巧在他们自己都认为直接的军事行动已经开始的时候,重复着和平的议会主义的说教。在一开头就提到"革命的彻底胜利"和"人民起义"的决议中,竟然有介事地提出"持极端反对派态度"的口号,这真是再可笑不过了! 诸位先生,请你们想想吧:在起义时期"持极端反对派态度",这是什么意思? 是揭露政府呢,还是推翻政府? 是投票反对政府呢,还是在公开的战斗中击败政府的武装力量? 是拒绝为政府补充它的国库呢,还是用革命手段来夺取这个国库,以供起义、武装工人和农民以及召集立宪会议之用? 诸位先生,你们是否已经开始了解"持极端反对派态度"这个概念所表现的只是消极的行动,即进行揭露,投票反对,表示拒绝? 为什么是这样呢? 因为这个概念仅仅和议会斗争有关,而且是在谁也不把"彻底胜利"当做斗争的直接目的提出的时代才使用的。你们是否已经开始了解:从政治上被压迫的人民为了拼命争取胜利而开始全线坚决进攻的时候起,这方面的情形就根本改变了?

工人们现在问我们,是否要努力进行刻不容缓的起义工作? 怎样使已经开始的起义获得胜利? 怎样利用这个胜利? 胜利的时候可以而且应当实现什么纲领? 正在加深马克思主义的新火星派回答说:始终如一地做一个持极端革命反对派态度的政党…… 那么,我们把这些骑士叫做头等庸人,难道不对吗?

10. "革命公社"与无产阶级和
农民的革命民主专政

　　新火星派的代表会议没有保持住新《火星报》所采取的那种无政府主义立场(仅仅"从下面"行动,而不是"既从下面,又从上面"行动)。容许起义而不容许胜利和参加临时革命政府,这未免荒谬得太显眼了。因此,决议就给马尔丁诺夫和马尔托夫对问题的解答加上一些附带条件和限制。我们来看看决议在下一段中叙述的这些附带条件:

　　"实行这种策略〈"始终如一地做一个持极端革命反对派态度的政党"〉,当然决不是说,专门为了促使起义扩大和政府瓦解,也不宜于在某一个城市,在某一个地区局部地、暂时地夺取政权,成立革命公社。"

　　既然这样,那就是说,在原则上不仅容许从下面行动,而且容许从上面行动了。那就是说,尔·马尔托夫发表在《火星报》(第93号)上的那篇有名的杂文中所提出的论点被推翻了,而《前进报》的策略,即不仅要"从下面"行动、而且要"从上面"行动的策略,却被承认为正确的了。

　　其次,夺取政权(哪怕是局部地、暂时地等等)显然不仅要有社会民主党参加,不仅要有无产阶级参加。这是因为民主革命不只是对无产阶级有利,积极参加这个革命的也不只是无产阶级。这是因为,如该决议一开头所说的那样,起义是"人民的"起义,参加起义的也有"非无产阶级的集团"(这是代表会议派关于起义问题的决议中的说法),即也有资产阶级。这就是说,社会主义者和小资产阶级一起参加临时革命政府的任何行为都是背叛工人阶级这一原则,如《前进报》所希望的那样**36**,被代表会议抛弃了。"背叛"并不会因为构成背叛的行为是局部的、暂时的、地区性的等等而不成其为背叛。这就是说,把参加临时革命政府和庸俗的饶勒斯主义等量齐观的观点**37**,如《前进报》所希望的那样,被代表会议**抛弃了**。政府并不因为它的权力达不到许多城市而只及于一个城市,达不到许多地区而只及于一个地区,而不成其为政府;同样,也不会因为它称做什么而不成其为政府。这样,新《火星报》所企图提供的**问题的原则提法**,就被代表会议抛弃了。

现在我们来看看,代表会议对它现在已在原则上容许的成立革命政府和参加革命政府的主张所提出的那些限制是否合理。"暂时"("эпизодический")这个概念和"临时"("временный")这个概念有什么区别,我们不知道。恐怕这里只是在用一个外来的和"新的"词来掩盖缺乏明确的思想这一事实而已。这**看起来**是说得"深奥一点",其实只是更加暧昧和糊涂罢了。"宜于"在某个城市或某个地区局部地"夺取政权",这和参加全国的临时革命政府有什么区别呢?难道像彼得堡这样发生过1月9日事件的地方不是一个"城市"吗?难道像高加索这样比许多国家都大的地方不是一个地区吗?关于如何对待监狱、警察和国库等等等等的问题(这些曾使新《火星报》为难的问题),甚至在一个城市里,更不用说在一个地区内,在"夺取政权"的时候,不是也会摆在我们

71

面前吗？当然，谁也不会否认，在力量不够的时候，在起义不能完全成功的时候，在起义得不到彻底胜利的时候，是可能有局部的、城市等等的临时革命政府的。但是，先生们，这和问题有什么关系呢？你们自己不是在决议一开头就谈到"革命的彻底胜利"和"胜利的人民起义"吗？？从什么时候起社会民主党人竟把无政府主义者的事情揽到自己身上，竟分散无产阶级的注意力和目标，引导它解决"局部的"问题，而不解决普遍、统一、完整和全面的问题呢？在设想在一个城市"夺取政权"时你们自己谈到"使起义扩大"，那么是否可以认为是扩大到另一个城市中去呢？是否可以希望扩大到一切城市中去呢？先生们，你们的结论和你们的前提一样地靠不住，一样地偶然，一样地矛盾，一样地混乱。俄国社会民主工党第三次代表大会对整个临时革命政府的问题作出了详尽而清楚的回答。这个回答是把一切局部的临时政府也包括在内的。代表会议的回答则人为地随意把问题的**一部分**划分出来，结果只是**回避**（但没有成功）整个问题而且造成混乱。

"革命公社"是什么意思呢？这个概念和"临时革命政府"有区别吗？如果有，那么区别在哪里呢？代表会议派先生们自己也不知道。他们的革命思想是混乱不清的，结果就像常见的那样，尽**说革命的空话**。的确，社会民主党代表的决议中使用"革命公社"这样的字眼，不过是说革命的空话而已。马克思屡次斥责过这种用**早已过时的**"动听的"名词来遮盖未来的任务的空话。在历史上起过作用的动听的名词，在这种情形下就会变成空洞而有害的华而不实的东西，变成装饰品。我们必须向工人和全体人民清清楚楚地、毫不含糊地说明：为什么我们要成立临时革命政府？如果在将来，在已经开始的人民起义得到胜利的结局而我们对政权有

了决定性的影响时,我们要实现的**究竟是一些什么样的改革**? 这
就是摆在政治领导者面前的问题。

俄国社会民主工党第三次代表大会十分明确地回答了这些问
题,提出了关于这些改革的完备的纲领,即我们党的最低纲领。而
"公社"这个字眼却没有给予任何回答,只是用一种远处的钟
声……或空洞的高调来搅乱人们的头脑罢了。我们愈是珍视例如
1871 年的巴黎公社,就愈加不容许只引用它而不分析它的种种错
误和特殊条件。这样做就是重复恩格斯所讥笑过的布朗基派的荒
谬做法,布朗基派(在他们的 1874 年的"宣言"**38**中)对公社的每
个行动都倍加崇拜。如果有工人向代表会议派问到决议中提到的
这个"革命公社",代表会议派将怎样回答呢? 他们只能说,历史
上有个工人政府就是这样称呼的,它不善于分清并且当时也不能
分清民主革命成分和社会主义革命成分,把争取共和制的任务和
争取社会主义的任务混淆起来,未能解决向凡尔赛实行坚决的军
事进攻的任务,犯了不占领法兰西银行的错误,等等。总之,不管
你们在回答这个问题时是援引巴黎公社还是援引其他什么公社,
你们总会回答说:**我们的政府不应当成为**这样的政府。不用说,这
是个很好的回答! 然而这样毫不提及党的实践纲领,不适当地在
决议中讲授起历史来,难道这不是说明书呆子的说教和革命者的
软弱无能吗? 难道这不恰好表露出你们枉费心机要归之于我们的
那种错误,即将民主革命和社会主义革命混淆起来(任何一个"公
社"都没有把两者辨别清楚)的错误吗?

临时政府(即不适当地被称为公社的临时政府)的目的被宣
布为"专门"扩大起义和瓦解政府。"专门"这个字眼,按其本意说
来,就是排除其他一切任务,是主张"只从下面"行动的荒谬理论

的复活。这样排除其他任务,仍然是目光短浅和考虑欠周。"革命公社",即革命政权,即使是在一个城市建立的,也不可避免地要执行(哪怕只是临时地、"局部地、暂时地"执行)**一切**国家事务;把脑袋藏在翅膀底下,闭眼不看这个问题,就是愚蠢到极点。这个政权要用法律规定八小时工作制,建立工人监督工厂的制度,举办免费的普及教育,实行法官选举制,成立农民委员会,等等,——总而言之,它一定要实行许多改革。把这些改革归结为"促使起义扩大"这样一个概念,就是玩弄字眼,把需要完全弄清楚的问题故意弄得更不清楚。

新火星派决议的结尾部分没有给我们提供什么新材料来批判我们党内复活了的"经济主义"的原则趋向,但是它从某些不同的角度证实了上面所说的话。

下面就是决议的这一部分:

"只有在一种情形下,就是说,只有在革命蔓延到实现社会主义的条件已经相当⟨?⟩成熟的西欧先进国家去的时候,社会民主党才应当主动地努力夺取政权,并且尽可能长久地把政权保持在自己手里。在这种情形下,俄国革命有限的历史范围就能大大扩大,那时就有可能走上社会主义改革的道路。

社会民主党既以自己在整个革命时期对革命进程中一切轮流更换的政府都保持极端革命反对派的态度,作为自己的策略基础,也就能够作好最充分的准备去利用政府权力,如果政府权力落⟨??⟩到它手里来的话。"

这里的基本思想也就是《前进报》屡次表述过的那种思想。《前进报》说过,我们不应当害怕(像马尔丁诺夫那样害怕)社会民主党在民主革命中获得完全胜利,即实现无产阶级和农民的革命民主专政,因为这样的胜利会使我们有可能把欧洲发动起来,而欧洲的社会主义无产阶级摆脱了资产阶级的桎梏,就会反过来帮助我们实现社会主义革命。但是请你们看看,这个思想经过新火星派的叙述竟被糟蹋成什么样子。我们不准备谈细节问题,不谈所谓政权可能“落”到一个把夺取政权看做有害策略的自觉的政党手里来的荒唐设想,不谈欧洲实现社会主义的条件不是已经达到相当成熟的程度,而是已经完全成熟,也不谈我们的党纲不提任何社会主义改革,而只提社会主义革命。我们现在谈谈《前进报》的思想和代表会议决议的思想之间所存在的主要的和根本的区别。《前进报》向俄国的革命无产阶级指出了积极的任务:在争取民主的斗争中取得胜利,并且利用这个胜利来把革命传布到欧洲。决议却不懂得我们的“彻底胜利”(不是新火星派所谓的“彻底胜利”)和欧洲革命之间的这种联系,因而就不提无产阶级的任务,不提**无产阶级**胜利的前途,而是谈一般可能中的一种可能:“在革命蔓延……的时候”。《前进报》直接而明确地指出(而且这些意见已经载入俄国社会民主工党第三次代表大会的决议)可以怎样和应当怎样“利用政府权力”来谋取无产阶级的利益,同时考虑到在当前的社会发展阶段上可以立刻实现什么,必须首先实现什么,以作为争取社会主义的民主前提。决议在这里也不可救药地做了事变的尾巴,说“能够作好准备去利用”,但是说不出**怎样**能够,**怎样**作好准备,**怎样**去利用。譬如说,我们不怀疑新火星派“能够作好准备去利用”党内的领导地位,但是问题在于他们对这种利用的尝试和他们的准备,到现在为止,还没有从可能变为现实的希望……

《前进报》确切地指出了“把政权保持在自己手里的”现实“可能性”究竟在哪里:就在于无产阶级和农民的革命民主专政,在于无产阶级和农民联合起来的强大力量能够压倒一切反革命力量,在于他们二者在**民主**改革方面的利益必然一致。代表会议的决议在这方面也没有提供任何积极的东西，而只是逃避问题。在俄国，保持政权的可能性要取决于俄国本国社会力量的成分，取决于现在我国正在进行的民主革命的条件。欧洲无产阶级的胜利（而革命传布到欧洲和无产阶级获得胜利，二者之间还有相当的距离）定会引起俄国资产阶级反革命势力的拼命抵抗，——新火星派的决议没有一个字提到这个反革命势力，而俄国社会民主工党第三次代表大会的决议则估计了这个反革命势力的意义。如果我们除无产阶级以外，不能同时依靠农民来争取共和制和民主制，那么"保持政权"这件事情就不会有什么希望。如果这件事情不是没有希望，如果"革命对沙皇制度的彻底胜利"会造成这种可能，那我们就应当指出这种可能，积极地号召把这种可能变为现实，提出实践的口号，不仅用来**应付**革命传布到欧洲的局面，而且**为了**要把革命传布到欧洲去。社会民主党中的尾巴主义者提到"俄国革命有限的历史范围"，不过是要掩盖他们对这个民主革命的任务和无产阶级在这个革命中的先进作用了解得很有限而已！

反对"无产阶级和农民的革命民主专政"这个口号的意见之一，就是认为专政要有"统一的意志"（《火星报》第95号），而无产阶级和小资产阶级却不可能有统一的意志。这个反对意见根本不能成立，因为它是以"统一的意志"这一概念的抽象的、"形而上学的"解释为根据的。意志在某一方面统一，而在另一方面不统一，这是常有的事。在社会主义问题上和争取社会主义的斗争中缺乏意志的统一，并不排除在民主主义问题上和争取共和制的斗争中的意志的统一。忘记这一点，就是忘记了民主革命和社会主义革命在逻辑上和历史上的区别。忘记这一点，就是忘记了民主革命的**全民性质**:既然是"全民的",也就有"意志的统一",这正是就这个革命是实现全民的需要和要求而言。超过民主主义范围,就谈不到无产阶级和农民资产阶级之间的意志的统一。它们之间的阶级斗争是不可避免的,但是在民主共和制的基地上,这个斗争将是**为争取社会主义**而进行的最深刻、最广泛的人民斗争。无产阶级和农民的革命民主专政,同世界上一切事物一样,有它的过去和未来。它的过去就是专制制度、农奴制度、君主制、特权。在和这种过去作斗争时,在和反革命作斗争时,无产阶级和农民的"意志的统一"是可能的,因为这里有利益的一致。

它的未来就是反对私有制的斗争,雇佣工人反对业主的斗争,争取社会主义的斗争。在这里意志的统一是不可能的。① 在这里,我们所面临的道路就不是从专制制度走向共和制,而是从小资产阶级的民主共和制走向社会主义。

当然,在具体的历史环境中,过去和未来的成分交织在一起,前后两条道路互相交错。雇佣劳动及其反对私有制的斗争在专制制度下也有,甚至在农奴制时代就已经萌芽。但是这丝毫不妨碍我们从逻辑上和历史上把发展过程的几大阶段分开。我们大家都认为资产阶级革命和社会主义革命是截然不同的东西,我们大家都无条件地坚决主张必须把这两种革命极严格地区分开,但是,难道可以否认前后两种革命的个别的、**局部的**成分在历史上互相交错的事实吗?难道在欧洲民主革命的时代没有许多社会主义运动和争取社会主义的尝试吗?难道欧洲未来的社会主义革命不是还

---

① 资本主义在自由条件下的更广泛、更迅速的发展,必然使意志的统一很快归于结束,而且反革命势力和反动势力被粉碎得愈快,这种统一就结束得愈快。

有许许多多民主主义性质的任务要去最终完成吗?

社会民主党人永远不应当而且一分钟也不应当忘记,无产阶级为了争取社会主义,必然要同最主张民主共和的资产阶级和小资产阶级进行阶级斗争。这是毫无疑问的。这样,社会民主党就绝对必须是一个单独存在的、阶级性十分严格的独立政党。这样,我们和资产阶级"合击"的行动就带有暂时的性质,我们就必须"对同盟者,犹如对敌人一样"进行严格的监视,如此等等。对所有这些也是丝毫不能怀疑的。但是,如果由此得出结论,说可以忘记、忽略或轻视那些对现在来说是迫切的、哪怕只是暂时的和临时的任务,那就是可笑的而且是反动的。和专制制度作斗争是社会主义者的一个临时的和暂时的任务,但是对这个任务的任何忽略或轻视,都等于背叛社会主义和为反动势力效劳。无产阶级和农民的革命民主专政当然只是社会主义者的一个暂时的、临时的任务,但是在民主革命时代忽略这个任务,就简直是反动了。

具体的政治任务要在具体的环境中提出。一切都是相对的,一切都是流动的,一切都是变化的。德国社会民主党没有在纲领中提出共和制的要求。那里的形势使这个问题在实践上很难和社会主义问题分开(虽然在德国问题上,恩格斯在评论1891年的爱尔福特纲领[39]草案时,曾警告过不要轻视共和制和争取共和制的斗争的意义!)。在俄国社会民主党中,根本就没有发生过要把共和制的要求从纲领和宣传工作中取消的问题,因为我们这里谈不到共和制问题和社会主义问题有什么不可分的联系。1898年的德国社会民主党人不专门把共和制的问题当做首要问题,是一件很自然的事情,不会使人惊异,也不会引起非难。德国社会民主党人要是在1848年不提共和制问题,那就是直接背叛革命了。抽象的真理是没有的。真理总是具体的。

到一定的时候,对俄国的专制制度的斗争就会结束,俄国的民主革命时代就会成为过去,那时再说什么无产阶级和农民的“意志的统一”,说什么民主专政等等,就是可笑的了。那时候,我们就会直接想到无产阶级的社会主义专政,并且会更详细地谈论这个专政。现在呢,先进阶级的政党却不能不极力设法取得民主革命对沙皇制度的彻底胜利。而彻底胜利也就不外是无产阶级和农民的革命民主专政。

附注[40]

(1)请读者回想一下,《火星报》和《前进报》论战时,《火星报》还援引过恩格斯给屠拉梯的一封信。恩格斯在这封信里警告这位意大利改良主义者的(后来的)领袖不要把民主革命和社会主义革命混淆起来。恩格斯在谈到1894年意大利的政治形势时写道,意大利当前的革命将是小资产阶级的民主革命,而不是社会主义革命。[①]《火星报》责难《前进报》离开了恩格斯所规定的原则。这种责难是毫无道理的,因为整个说来,《前进报》(第14号)完全承认马克思把19世纪革命中三种主要力量区别开来的理论是正确的。[②]按照这个理论,反对旧制度,即反对专制制度、封建制度、农奴制度的,有(1)自由派大资产阶级,(2)激进派小资产阶级,(3)无产阶级。自由派大资产阶级不过是为立宪君主制而斗争,激进派小资产阶级是为民主共和制而斗争,无产阶级是为社会

---

① 参看《马克思恩格斯选集》第3版第4卷第322—326页。——编者注
② 见《列宁全集》中文第2版增订版第10卷第1—17页。——编者注

主义革命而斗争。把小资产阶级为完全的民主革命进行的斗争和
无产阶级为社会主义革命进行的斗争混淆起来,有使社会主义者
遭到政治破产的危险。马克思的这个警告是完全正确的。但是正
是由于这个原因,"革命公社"的口号是错误的,因为历史上有过
的那些公社恰巧就是把民主革命和社会主义革命混淆起来。反
之,我们的口号,即无产阶级和农民的革命民主专政的口号,能完
全保证不犯这个错误。我们的口号无条件地承认不能**直接**越出纯
粹民主革命范围的革命是资产阶级性质的,但是它同时又把当前
的这个革命**推向前进**,努力使它具有一个最有利于无产阶级的形
式,因而也就是力求最大限度地利用民主革命,使无产阶级下一步
争取社会主义的斗争得以最顺利地进行。

11. 俄国社会民主工党第三次代表大会某些决议和"代表会议"某些决议的粗略比较

临时革命政府问题是当前社会民主党策略问题的中心。十分详细地分析代表会议其余各项决议,既没有可能,也没有必要。我们仅限于简略地指出几点,来证实我们在上面已经分析过的俄国社会民主工党第三次代表大会决议和代表会议决议在策略方针上的原则区别。

就拿革命前夕对待政府的策略问题来说吧。你们在俄国社会民主工党第三次代表大会的决议中仍然可以找到这个问题的完整的答案。这个决议估计到特殊时期的各种各样的条件和任务:要揭露政府让步的虚伪性,要利用各种"滑稽可笑的人民代表机关",要用革命的手段来实现工人阶级的迫切要求(以八小时工作制为首要要求),以及要反击黑帮。在代表会议的决议中,这个问题是分散在几个地方叙述的:"反击黑暗反动势力",只是在关于对其他政党的态度的决议的引言部分提了一下。参加代表机关选举的问题,是和沙皇政府同资产阶级"妥协"的问题分开考察的。冠有《关于经济斗争》这个响亮标题的专门决议不是号召用革命手段实现八小时工作制,而只是重复(在说了一堆关于"工人问题

81

在俄国社会生活中占有的中心位置"的响亮而很不聪明的话以后)旧的鼓动口号,即所谓"在法律上规定八小时工作制"。这个口号现在已经不够和落后了,这是十分明显的事实,用不着再来证明。

关于公开的政治活动的问题。第三次代表大会估计到我们的活动即将**根本**改变的情况。秘密活动和发展秘密机关的工作决不能放弃,放弃这些,就是为警察效劳而且极端有利于政府。但是现在已经不能不考虑公开行动的问题。必须立刻为这种行动**准备好**适当的形式,因而也就必须为此目的**准备好**特别的机关——秘密程度较少的机关。必须利用合法的和半合法的社团,使它尽可能变成俄国未来的公开的社会民主工党的基地。

代表会议在这里也把问题弄得很分散,没有提出任何完整的口号。特别令人感到突然的,是十分可笑地委托组织委员会注意"安置"合法的著作家。关于"使那些以协助工人运动为目的的民主报纸服从自己的影响"的决定是十分荒谬的。我国一切合法的自由派报纸按倾向来说几乎全是"解放派"的报纸,都是以此为目的的。为什么《火星报》编辑部自己不首先执行自己的这个建议,给我们作出一个使《解放》杂志服从于社会民主党影响的榜样呢?他们没有向我们提出利用合法的社团来建立**党的**基地的口号,而是提出:第一,仅仅涉及"职业"工会的局部性的建议(党员必须参加这些工会),第二,对"革命的工人组织"="无定形的组织"="革命的工人俱乐部"进行领导的建议。"俱乐部"怎样成了无定形的组织,这些"俱乐部"究竟是什么东西,只有真主才知道。这不是党的最高机关的明确的指令,而是著作家们的一些思想札记和笔记草稿。关于党应当怎样开始把自己的全部工作转到全新的基础上的问题,根本没有任何完整的说明。

关于"农民问题",党代表大会和代表会议是以完全不同的方式提出来的。代表大会制定了《对农民运动的态度》的决议。代表会议制定了《关于在农民中的工作》的决议。在前一个决议中,提出的首要任务是为了反沙皇制度斗争的全民利益而领导整个广泛的革命民主运动。在后一个决议中,问题仅仅归结为在一个特别的阶层中"工作"。在前一个决议中,提出的鼓动工作的中心实践口号是立刻组织革命农民委员会来实行一切民主改革。在后一个决议中却说"成立委员会的要求"应当向立宪会议提出。为什么我们一定要等待这个立宪会议呢?它真的会成为立宪的会议吗?如果不预先和同时建立革命农民委员会,立宪会议是否会巩固呢?——所有这些问题,代表会议都忽略过去了。它的一切决议都反映出我们已经考察过的一个总的思想:在资产阶级革命中,我们只应进行自己的专门的工作,而不要希图领导和独立进行整个民主运动。正如"经济派"总是要社会民主党人只进行经济斗争,而让自由派去进行政治斗争一样,新火星派在他们的整个推论过程中也是要我们在资产阶级革命中尽量靠边站,而让资产阶级去积极进行这个革命。

最后,不能不说说双方关于对待其他政党的态度问题的决议。俄国社会民主工党第三次代表大会的决议说的是要揭露资产阶级解放运动的一切局限性和不充分性,而并不那样幼稚地想列举每次代表大会上这种局限性的各种可能的表现并且在好资产者和坏资产者之间划一条分界线。代表会议却重复着斯塔罗韦尔的错误,硬要找出这样一条分界线,发挥其有名的"石蕊试纸"论。斯塔罗韦尔是从一个很好的思想出发:要向资产阶级提出比较严格的条件。他只是忘记了,任何一种想预先把值得赞许、值得与之取得协议等等的资产阶级民主派和不值得这样做的资产阶级民主派区分开来的企图,都只能得出一种立刻就会被事变的发展所抛弃并且会使无产阶级的阶级意识模糊起来的"公式"。结果就把重心从斗争中的真正一致转移到声明、诺言和口号上去了。斯塔罗韦尔认为"普遍、平等、直接和无记名投票的选举制"就是这种根本性的口号。为时还不到两年,"石蕊试纸"已经证明自己毫不中用,普选制的口号已经被解放派接受过来,但是解放派不仅没有因此而接近社会民主党,反而企图利用这个口号来迷惑工人,引诱工人离开社会主义。

现在,新火星派提出了更"严格的""条件","要求"沙皇制度的敌人"坚韧不拔地和毫不含糊〈!?〉支持有组织的无产阶级的一切坚决行动"等等,一直到"积极参加人民自我武装的事业"。分界线是划得更远得多了,但是这条分界线**又已经陈旧了**,一下子就证明了自己毫不中用。比方说,为什么不提出共和制的口号呢?社会民主党人为着"用无情的革命战争来反对等级君主制度的一切基础","要求"资产阶级民主派做各种各样的事情,而唯独不要求他们为共和制而斗争,这是怎么回事呢?

提出这个问题并不是有意挑剔,新火星派的错误确实具有最实际的政治意义,"俄国解放联盟"就是证明(见《无产者报》第 4 号)①。

---

① 在 1905 年 6 月 4 日出版的《无产者报》第 4 号上发表了一篇题为《新的革命工人联合会》的长篇论文(见《列宁全集》中文第 2 版增订版第 10 卷第 265—276 页。——编者注)。这篇论文转述了这个联盟所发表的宣言的内容,这个联盟采用了"俄国解放联盟"的名称,并且说它的宗旨是通过武装起义来召集立宪会议。其次,在这篇论文中确定了社会民主党人对这种非党的联盟的态度。至于这个联盟的实际情形如何,它在革命中的命运怎样,我们就全不知道了。(这是作者为 1907 年版加的注释。——编者注)

这些"沙皇制度的敌人"完全能适应新火星派的一切"要求"。可是我们已经指出,这个"俄国解放联盟"的纲领中(或者在其无纲领的立场中)充满了解放派的精神,解放派是能够很容易地牵着它走的。而代表会议在决议的末尾一段中声称,"社会民主党将照旧像反对**虚伪的人民之友**一样,反对所有一切打着自由主义的和民主主义的旗帜、但是拒绝真正支持无产阶级革命斗争的政党"。"俄国解放联盟"不仅不拒绝,而且热心地表示愿意给予这种支持。这是否就能担保它的领袖们即使是解放派但却不是"虚伪的人民之友"呢?

由此可见,新火星派预先臆造出一些"条件",提出一些虚张声势的滑稽可笑的"要求",这就立刻使他们自己陷于可笑的地位。他们的条件和要求一下子就显得不能适合活生生的现实。他们那种追逐公式的狂热是徒劳的,因为任何公式都不能把资产阶级民主派的虚伪、不彻底以及局限性的各种各样的表现包罗无遗。问题并不在于"石蕊试纸",并不在于公式,并不在于写印成文的要求,并不在于预先区分开虚伪的"人民之友"和非虚伪的"人民之友",而是在于斗争中的真正一致,在于社会民主党人对资产阶级民主派每一个"不坚定的"步骤都进行坚持不懈的批评。为了"真正团结一切关心民主改造的社会力量",并不需要像代表会议那样勤勤恳恳、那样白费力气地规定种种"条款",而是要善于提出真正革命的口号。要做到这一点,需要的是把革命共和派资产阶级提高到无产阶级水平的口号,而不是把无产阶级任务降低到君主派资产阶级水平的口号。要做到这一点,需要的是尽最大的努力参加起义,而不是用说教的方式来推脱刻不容缓的武装起义的任务。

12. 民主革命的规模是否会因为资产阶级退出而缩小？

上面各节写好以后，我们收到了《火星报》出版的新火星派高加索代表会议的决议。对于写出一个好的结尾（Pour la bonne bouche），我们真是想不出比这更好的材料了。

《火星报》编辑部很公正地指出："在基本的策略问题上，高加索代表会议也通过了和全俄代表会议〈即新火星派代表会议〉所通过的决议**相似的**〈老实话！〉决议。""在社会民主党对临时革命政府的态度问题上，高加索的同志所通过的决议，坚决反对《前进报》集团以及附和它的所谓代表大会代表们所宣传的新方法。""应该承认代表会议**非常恰当地**表述了无产阶级政党在资产阶级革命中的策略。"

真的，的确如此。对于新火星派的根本错误，真是谁也不能够比这表述得更"恰当"了。我们现在把这段表述全部抄录下来，先在括弧中指出花朵，然后再指出末尾结出的果实。

下面就是新火星派高加索代表会议关于临时政府的决议：

"代表会议认为自己的任务是要利用革命时机来加深〈当然啦！不过还要加上一句：用马尔丁诺夫精神来加深！〉无产阶级的社会民主主义意识〈只是用来加深意识，而不是用来争取共和制吗? 这是对革命的多么"深刻的"见解啊!〉,而为了保证党对正在产生的资产阶级国家制度有最充分的批评自由〈保证共和制不是我们的事情! 我们的事情只是保证批评自由。无政府主义的思想产生无政府主义的语言:"资产阶级国家"制度!〉,代表会议反对成立社会民主主义的临时政府,并反对参加这个政府〈请回想一下恩格斯所引证的、巴枯宁主义者在西班牙革命之前 10 个月作出的决议,见《无产者报》第 3 号[41]〉,而认为最适宜的是从外面〈从下面,而不是从上面〉对资产阶级临时政府施加压力,使国家制度达到尽可能的〈?!〉民主化。代表会议认为,社会民主党人成立临时政府或加入这个政府,一方面会使无产阶级广大群众对社会民主党失望而离开这个党,因为社会民主党虽然夺得政权,但是不能满足工人阶级的迫切需要,直到包括实现社会主义〈共和制不是迫切需要! 决议起草人竟天真得没有觉察到他们是在用纯粹无政府主义的语言说话,仿佛他们对参加资产阶级革命采取了否定的态度!〉,另一方面**会迫使资产阶级退出革命,从而缩小革命的规模。**"

　　这就是症结所在。这就是无政府主义思想和十足的机会主义思想交错(如同在西欧的伯恩施坦派中常见的一样)的地方。请看:不要加入临时政府,因为加入临时政府就会迫使资产阶级退出革命,从而缩小革命的规模! 这完全是纯粹而彻底的新火星派哲学:革命是资产阶级的,所以我们应当崇敬资产阶级的庸俗思想,给这种思想让路。如果我们按照——哪怕部分地,哪怕一分钟——我们参加临时政府会迫使资产阶级退出这样一种想法行事,那我们就会因此把革命领导权完全让给资产阶级。我们会因此把无产阶级完全交给资产阶级去支配(虽然还保留了充分的

"批评自由"!!），为了使资产阶级不致退出而迫使无产阶级采取温和柔顺的态度。我们会阉割掉无产阶级最迫切的需要，即经济派及其仿效者们从来没有很好地了解的政治需要，为了使资产阶级不致退出而阉割这些需要。我们会完全离开在无产阶级所需要的范围内为实现民主制而进行革命斗争的立场，而转到和资产阶级搞交易的立场，以背叛原则、背叛革命来换取资产阶级的欣然同意（"不致退出"）。

高加索的新火星派在短短的几行文字中就把叛卖革命、变无产阶级为资产阶级可怜走卒的策略的全部实质表明了。我们在上面从新火星派的错误中看到的倾向现在已经成了一个明确的原则：做君主派资产阶级的尾巴。因为实现共和制会迫使（而且已经迫使——司徒卢威先生就是一例）资产阶级退出，所以要取消争取共和制的斗争。因为无产阶级的任何一个坚决而彻底的民主要求在任何时候、在世界上任何地方都会迫使资产阶级退出，所以工人同志们啊，还是躲在你们的窝里吧，只要从外面行动，可别想为了革命去利用"资产阶级国家"制度的种种工具和手段，给自己保留着"批评自由"就行了。

对"资产阶级革命"这一名词的根本性的错误理解在这里已赤裸裸地暴露出来了。马尔丁诺夫或新火星派对这个名词的"理解"会直接造成把无产阶级事业出卖给资产阶级的结果。

谁忘记了旧时的"经济主义"，谁不去研究它，不去回想它，谁就很难了解现在复活起来的"经济主义"。请回想一下伯恩施坦主义的《信条》[42]吧。当时人们从"纯粹无产阶级的"观点和纲领中得出结论说：我们社会民主党人只要经济，只管真正的工人事业，只要批评任何政客手腕的自由，只管真正加深社会民主主义的工作,政治还是让他们自由派去干吧。愿上帝保佑我们别陷入"革命主义",因为这会迫使资产阶级退出。谁要是全文读了《信条》或《工人思想报》第 9 号增刊[43](1899 年 9 月),谁就可以看出这一整个的推论过程。

现在还是这一套,只是范围很大,被用来估计整个"伟大的"俄国革命——唉,这个革命事先就已经被正统庸俗主义的理论家们给庸俗化和降低到滑稽可笑的地步了!我们社会民主党人只需要批评自由,加深意识,从外面行动。他们资产阶级却要有行动的自由、从事革命领导(应读做:自由主义领导)的自由和从上面实行"改良"的自由。

这些把马克思主义庸俗化的人从来没有思索过马克思所说的必须用武器的批判来代替批判的武器的话①。他们盗用马克思的名义,其实,他们在草拟策略决议的时候完全是在模仿法兰克福的资产阶级空谈家,这些空谈家自由地批评专制制度,加深民主意识,但是不懂得革命时期是行动的时期,是既从上面又从下面行动的时期。他们把马克思主义变成了空洞的说教,于是就把最坚定、最积极的先进革命阶级的思想变成了这个阶级中最落后的阶层的思想,即那些逃避困难的革命民主主义任务而把这些任务交给司徒卢威先生们去执行的最落后阶层的思想。

资产阶级一旦因社会民主党加入革命政府而退出革命,那就会"缩小革命的规模"。

俄国工人们,听吧:如果革命是由那些不想战胜沙皇制度而只想和它搞交易的、没有被社会民主党人吓退的司徒卢威先生们来

① 参看《马克思恩格斯选集》第 3 版第 1 卷第 9 页。——编者注

进行,革命的规模就会更大。如果我们前面所概述的俄国革命两种可能结局中的前一种结局得以实现,就是说,如果君主派资产阶级和专制政府能在希波夫式的"宪法"上做成交易,革命的规模就会更大!

在指导全党的决议中写出这样可耻的东西或者赞扬这些"恰当的"决议的社会民主党人,已经被那种把马克思主义的活的精神全部腐蚀掉的空洞说教弄得头昏眼花,竟看不出这些决议怎样把他们的其他一切好话都变成了空谈。翻开他们在《火星报》上写的任何一篇文章,甚至翻开我们的鼎鼎大名的马尔丁诺夫所写的那本臭名远扬的小册子,都可以看到关于举行**人民**起义,把革命进行**到底**,力求依靠**人民下层**来同不彻底的资产阶级斗争一类的言论。但是,当你们接受或者赞扬关于"革命的规模"会因为资产阶级退出而"缩小"的思想时,所有这些好的东西就立刻变成可怜的空谈了。先生们,二者必居其一:或者是我们应当和人民一起去努力实现革命,取得对沙皇制度的完全胜利,而**不考虑**那个不彻底的、自私自利的、畏首畏尾的资产阶级;或者是我们不容许这种"不考虑",而唯恐资产阶级"退出",那我们就是把无产阶级和人民出卖给资产阶级,出卖给不彻底的、自私自利的和畏首畏尾的资产阶级。

请不要曲解我的话。请不要叫喊什么有人指责你们自觉地出卖。不,你们向来都是不自觉地爬往泥潭,而且现在已经爬进了泥潭,正像旧时的"经济派"那样沿着"加深"马克思主义的斜坡不可遏止地、不可逆转地滑到专门从事反对革命的、没有灵魂和没有生气的"卖弄聪明"的地步。

先生们,"革命的规模"取决于哪些实在的社会力量,你们想过这个问题吗? 我们不谈国外政治即国际配合方面的力量,虽然这种力量现在发展得很有利于我们,但是我们大家都不去考察它们,而这样做是正确的,因为这里所谈的是俄国内部力量的问题。请看看这些内部的社会力量吧。反对革命的是专制政府、宫廷、警察、官吏、军队和一小撮显贵人物。人民中的义愤愈深,军队就愈不可靠,官吏中的动摇就愈大。其次,资产阶级现在整个说来是赞成革命的,他们热心地谈论自由,愈来愈频繁地以人民的名义,甚至以革命的名义发表意见。① 但是,我们每个马克思主义者都从理论中知道,并且每日每时都从我国的自由派即地方自治人士和解放派的实例中看到,资产阶级赞成革命是不彻底的,是出于自私自利的动机,是畏首畏尾的。只要资产阶级的自私的狭隘利益得到满足,只要它"离开"彻底的民主主义(**而它现在已经在离开彻底的民主主义了!**),它就不可避免地会大批转到反革命方面,转到专制制度方面去反对革命,反对人民。剩下的只有"人民",即无产阶级和农民。只有无产阶级能够坚决走到底,因为它要走的路程远远超过民主革命。因此,无产阶级就站在为共和制而斗争的最前列,它轻蔑地拒绝它所鄙视的那些劝它注意别让资产阶级退出的愚蠢意见。农民中有大批的半无产者,同时有小资产阶级分子。这使得它也不稳定,因而迫使无产阶级团结成为一个具有严格的阶级性的党。但是农民的不稳定和资产阶级的不稳定根本不同,因为农民现在所关心的与其说是无条件地保护私有制,不如说是夺取私有制主要形式之一的地主土地。农民虽然不会因此而

---

① 在这方面值得注意的是司徒卢威先生给饶勒斯的公开信。这封信不久以前由饶勒斯刊登在《人道报》**44**上,由司徒卢威先生刊登在《解放》杂志第 72 期上。

成为社会主义者,不会因此而不再成为小资产阶级,但是他们能够成为完全而又极其彻底地拥护民主革命的力量。只要给农民以教育的革命事变进程不因资产阶级叛变和无产阶级失败而过早地中断,农民就必然会成为这样的力量。在上述条件下,农民必然会成为革命和共和制的支柱,因为只有获得了完全胜利的革命才能使农民获得土地改革方面的**一切**,才能使农民获得他们所希望、所幻想而且是他们真正必需的**一切**,这里所说的必需,(并不像"社会革命党人"所想象的那样是为了消灭资本主义,而)是为了从半农奴制的泥潭中,从被压抑、被奴役的黑暗的深渊中跳出来,为了在商品经济可能的限度内尽量改善自己的生活条件。

此外,不仅彻底的土地改革,而且农民的一般的和经常的一切利益,都使农民趋向于革命。农民甚至在和无产阶级作斗争时也需要民主,因为只有民主制度才能准确地体现农民的利益,使他们能够以群众资格,以多数资格取得优势。农民受到的教育愈多(而从对日战争以来,他们迅速地受到教育,其迅速程度是许多惯于只用学校尺度来衡量教育程度的人所想象不到的),他们就会愈彻底、愈坚决地拥护完全的民主革命,因为他们并不像资产阶级那样害怕人民的统治,相反,人民的统治对他们是有利的。农民一开始摆脱幼稚的君主主义,民主共和制就会立刻成为他们的理想,因为惯于做经纪人的资产阶级那种自觉的君主主义(连同参议院等等),对农民来说是要他们照旧处于没有权利、备受压抑和愚昧无知的地位,只不过把这种地位用欧洲宪制的油漆来稍稍涂饰一下而已。

正因为如此,资产阶级这个阶级就自然而然地和必不可免地要寻求自由主义君主派的保护,而农民群众却自然而然地和必不可免地要寻求革命共和派的领导。正因为如此,资产阶级不能把民主革命进行到底,而农民却能够把革命进行到底,我们应当尽一切力量帮助农民这样做。

有人会反驳我说:这用不着证明,这是起码的常识,是一切社会民主党人都非常了解的。不,这是那些居然说革命会因为资产阶级退出而"缩小规模"的人所不了解的。这样的人重复着我们土地纲领中被他们背得烂熟的话,但是不懂得这些话的含义,否则他们就不会害怕无产阶级和农民的革命民主专政这个必然要从整个马克思主义世界观和我们的纲领中产生出来的概念了,否则他们就不会用资产阶级的规模来限制伟大的俄国革命的规模了。这样的人是在用自己的具体的反马克思主义和反革命的决议来推翻自己的抽象的马克思主义的革命词句。

谁真正了解农民在胜利的俄国革命中的作用,谁就不会说革命的规模会因为资产阶级退出而缩小。因为事实上只有当资产阶级退出,而农民群众以积极革命者的姿态同无产阶级一起行动的时候,俄国革命才会开始具有真正的规模;只有那时,才会有资产阶级民主革命时代可能有的那种真正最广大的革命规模。我们的民主革命要坚决进行到底,就应当依靠那些能够麻痹资产阶级的必不可免的不彻底性的力量(也就是那些恰恰能够"迫使它退出"的力量,《火星报》的高加索信徒们因为认识肤浅而对此感到害怕)。

无产阶级应当把民主革命进行到底,这就要把农民群众联合到自己方面来,以便用强力粉碎专制制度的反抗,并麻痹资产阶级的不稳定性。无产阶级应当实现社会主义革命,这就要把居民中的半无产者群众联合到自己方面来,以便用强力摧毁资产阶级的

反抗,并麻痹农民和小资产阶级的不稳定性。这就是无产阶级的任务,而新火星派在他们关于革命规模的一切议论和决议中,却把这些任务看得非常狭隘。

不过不要忘记在谈论革命的"规模"时往往被忽略的一种情况。不要忘记,这里谈的并不是任务方面的困难,而是通过什么道路去求得任务的完成。这里谈的并不是使革命具有强大的和不可战胜的规模是否容易做到,而是应当怎样设法扩大革命的规模。意见分歧所涉及的恰恰是行动的根本性质,是行动的方针。我们着重指出这一点,是因为有些不细心或不诚实的人往往把两个不同的问题混为一谈:一个是关于道路的方向的问题,即从两条不同的道路中选择一条的问题;另一个是在选定的道路上目的是否容易达到或是否能很快达到的问题。

我们在上面完全没有涉及这后一个问题,因为这个问题在我们党内没有引起争论和分歧。但是这个问题本身自然是极其重要的,值得一切社会民主党人给予极大的注意。忘记不仅吸引工人阶级群众,而且吸引农民群众加入运动这件事情会遇到种种困难,这是一种不可容许的乐观主义。正是这种困难不止一次地断送了把民主革命进行到底的努力,而使不彻底的和自私自利的资产阶级获得最大的胜利:既"获得"一笔借君主制来抵御人民的"资本",又"保持了"自由主义……或"解放派"的"清白"。但是有困难并不等于无法实现。重要的是相信道路选择得正确,这种信心能百倍地加强革命毅力和革命热情,有了这样的革命毅力和革命热情就能创造出奇迹来。

至于今天的社会民主党人在选择道路的问题上的意见分歧严重到什么程度,只要把高加索新火星派的决议和俄国社会民主工党第三次代表大会的决议比较一下就马上可以看出来。代表大会的决议说:资产阶级是不彻底的,它一定会竭力把我们手里的革命成果抢走。因此,工人同志们,要更加努力地准备斗争,要武装起来,要把农民吸引到自己这方面来。我们决不会不经过战斗而把我们的革命成果让给自私自利的资产阶级。高加索新火星派的决议说:资产阶级是不彻底的,它可能退出革命。因此,工人同志们,请不要考虑参加临时政府,否则资产阶级一定会退出,革命的规模会因此而缩小!

　　一些人说:你们要把革命推向前进,进行到底,而不要去考虑不彻底的资产阶级会起来反抗或采取消极态度。

　　另一些人说:你们不要去考虑独立地把革命进行到底,否则不彻底的资产阶级会退出革命。

　　这难道不是两条根本相反的道路吗? 这是两种水火不相容的策略,前一种策略是唯一正确的、革命的社会民主党的策略,而后一种策略实质上纯粹是解放派的策略,这难道不是显而易见的吗?

13. 结论。我们敢不敢胜利?

对俄国社会民主党内的实际情况了解得很肤浅的人,或者不知道我们党内从"经济主义"时期以来的全部斗争历史而从旁判断的人,还往往只是简单地援引任何一个国家的社会民主运动中都有两种自然而然的、必不可免的、彼此完全可以调和的倾向,来说明现在(特别是在第三次代表大会以后)已经明朗化的策略分歧。据说,一方面是特别强调寻常的、目前的、日常的工作,强调必须展开宣传和鼓动,必须准备力量,加深运动等等;另一方面是强调运动的战斗的、一般政治的、革命的任务,指出武装起义的必要,提出革命民主专政和临时革命政府的口号。无论对哪一方面都不应当夸大,不管是在这里还是在那里(不管在世界上哪个地方),都不宜走极端,如此等等。

这类议论中无疑含有一些处世(以及带引号的"政治")秘诀的廉价真理,但是这种真理往往掩盖着人们对党的迫切紧急需要的无知。就拿俄国社会民主党人中现在的策略分歧来说吧。新火星派谈论策略问题时特别强调日常的普通工作,这件事本身当然还不会造成任何危险,也不会引起策略口号方面的任何分歧。但是,只要把俄国社会民主工党第三次代表大会的决议和代表会议的决议比较一下,这种分歧就一目了然了。

1905 年列宁《社会民主党在民主革命中的两种策略》手稿第 157 页

问题究竟在哪里呢?就在于:第一,仅仅笼统地、抽象地指出运动中的两个潮流和各走极端的害处,是不够的。必须具体地弄清,当前的运动在当前的时期有什么弱点,对党来说,现在实际的政治危险究竟在哪里。第二,必须弄清,这些或那些策略口号(也许是缺乏这些或那些口号),对哪些实在的政治力量有利。你们假如听信新火星派的话,就会得出一种结论,以为社会民主党所面临的危险是抛弃宣传鼓动工作,抛弃经济斗争和对资产阶级民主派的批评,而过分迷恋于军事训练、武装进攻、夺取政权等等。实际上,党所面临的实际危险完全是来自另一方面。凡是稍微熟悉一些运动的情况、仔细地用心地观察运动的人,都不能不看到新火星派这种恐惧心理的可笑之处。俄国社会民主工党的全部工作已经完全纳入了一个固定不变的范围,这个范围绝对能保证把工作重心集中于宣传和鼓动,集中于飞行集会和群众集会,集中于散发传单和小册子,集中于促进经济斗争和支持经济斗争的口号。没有一个党委员会,没有一个区委员会,没有一个中心会议,没有一个工厂小组不是经常不断地用百分之九十九的心思、力量和时间,去执行所有这些早在90年代后半期就已经确定的职能。只有完全不了解运动情况的人才不知道这一点。只有很幼稚的人或不了解情况的人,才会真正相信新火星派特别郑重其事地重弹的老调。

事实是我们不但没有过分迷恋于起义的任务、一般政治口号、对整个人民革命事业的领导,反而正好是在这方面**落后**得特别显眼,这是最大的弱点,是能使运动由真正的革命运动蜕化(并且在某些地方已经开始蜕化)为口头的革命运动的实际危险。在完成党的工作的成百成千的组织、团体和小组中,没有一个不是从它产生的时候起就从事于被新《火星报》中的聪明人当做新发现的真理而大谈特谈的那种日常工作。相反,只有很少的一部分团体和小组已经认识到武装起义的任务,已经着手执行这些任务,已经明白必须领导整个反沙皇制度的人民革命,已经明白为了达到这个目的必须提出正是这样的而不是别的先进口号。

我们已经令人难以置信地落在先进的和真正革命的任务后面,在许多场合下,我们甚至还没有认清这些任务,我们往往没有觉察到革命的资产阶级民主派因为我们在这方面落后而加强起来的事实。但是新《火星报》的作家们完全不顾事变的进程和时势的要求,固执地一再重复说:对旧的不要忘记!对新的不要迷恋!这是代表会议所有一切重要决议中的一个始终不变的基调,而代表大会的各项决议却始终贯穿着这样的思想:确认旧的东西(但是不翻来覆去地说它,因为它是已经由出版物、决议和经验解决了和确定了的旧东西),同时又提出新的任务,注意这个新任务,提出新的口号,要求真正革命的社会民主党人立刻为实现这个新口号而工作。

社会民主党在策略方面分成两派的问题,事实上就是如此。革命的时代提出了只有十足的瞎子才看不见的新的任务。一些社会民主党人坚决承认这些任务,并把这些任务提到日程上来:武装起义刻不容缓,要立刻努力地准备它,要记住它是彻底胜利所必需的,要提出共和制、临时政府以及无产阶级和农民的革命民主专政等口号。另一些社会民主党人却往后退缩,踏步不前,不是提出口号而是一味论述引言,不是在确认旧的东西的同时还指出新的东西,而是长篇大论、枯燥无味地翻来覆去谈论这种旧东西,制造借口来拒绝新东西,不能确定彻底胜利的条件,不能提出唯一符合于达到完全胜利的愿望的口号。

在我们这里,这种尾巴主义的政治上的结果已经表现出来了。关于俄国社会民主工党"多数派"和革命的资产阶级民主派接近的流言,始终只是流言而已,因为没有一件政治事实,没有一个权威的"布尔什维克"决议,没有一个俄国社会民主工党第三次代表大会的文件可以证实这种流言。然而,以《解放》杂志为代表的机会主义君主派资产阶级却老早就在**欢迎**新火星派的"原则"趋向,现在更直接利用他们的水来推动自己的磨,采纳他们的一切字眼和"思想"来反对"秘密活动"和"骚乱",反对夸大革命的"技术"方面,反对直接提出武装起义的口号,反对提出极端要求的"革命主义",如此等等。高加索"孟什维克"社会民主党人整个代表会议所通过的决议,以及新《火星报》编辑部赞同这个决议的事实,对这一切作了一个毫不含糊的政治总结:不要让资产阶级因为无产阶级参加革命民主专政而退出啊!这就道破了一切。这就最终确定了把无产阶级变为君主派资产阶级走卒的方针。这就在事实上证明了——不是由某一个人的偶然的声明,而是由整个派别特别赞同的决议证明了新火星派尾巴主义的**政治意义**。

谁要是好好地想想这些事实,他就会懂得社会民主运动有两个方面和两种趋向这一流行说法的真正意义。试以伯恩施坦派为例在更大范围内来研究一下这两种趋向。伯恩施坦派就是一直在一字不改地硬说,只有他们才了解无产阶级的真正需要,了解发展无产阶级力量、加深全部工作、准备新社会的因素以及进行宣传和鼓动等任务。我们要求公开承认现有的东西!——伯恩施坦这样说,因而也就是推崇**没有**"最终目的"的"运动",推崇单一的防御策略,鼓吹"不要让资产阶级退出"的恐惧策略。伯恩施坦派也曾

99

大喊大叫,说革命的社会民主党人在推行"雅各宾主义",说"著作家"不懂"工人的主动性",如此等等。其实任何人都知道,革命的社会民主党人连想都没有想过要抛弃日常的细小的工作、准备力量的工作以及其他等等。他们仅仅要求清楚地了解最终目的,明确地提出革命任务;他们是想把半无产者阶层和半小资产者阶层提高到无产阶级的革命水平上来,而不是想把无产阶级的革命水平降低为"不要让资产阶级退出"这种机会主义的考虑。最突出地表现党内知识分子机会主义派和无产阶级革命派之间的这一分歧的可以说是这样一个问题:dürfen wir siegen?"我们敢不敢胜利?"[45]我们取得胜利是不是容许的?我们取得胜利有没有危险?我们是不是应该争取胜利?初看起来,这个问题很奇怪,但是这个问题已经提了出来,而且必定会提出来,因为机会主义者害怕胜利,恐吓无产阶级,不让它去争取胜利,预言胜利会引起种种不幸,嘲笑直接号召争取胜利的口号。

我们这里也是基本上可以划分为知识分子的机会主义趋向和无产阶级的革命趋向,不过有一个极其重要的区别,就是我们这里所谈的不是社会主义革命,而是民主革命。我们这里也提出了这个初看起来似乎很荒谬的问题:"我们敢不敢胜利?"这个问题是马尔丁诺夫在他的《两种专政》中提出的,他在那本书里预言:如果我们很好地准备起义,并且十分顺利地实现起义,那就会遭到种种不幸。这个问题在新火星派的关于临时革命政府问题的一切文献中都提出过,而且他们总是极力企图把米勒兰参加资产阶级机会主义政府和瓦尔兰参加小资产阶级革命政府[46]混为一谈,虽然这种企图并没有成功。这个问题由主张"不要让资产阶级退出"的决议确定下来了。尽管考茨基现在冷嘲热讽,说我们在临时革命政府问题上的争论,就像还没有把熊打死就要分熊皮一样,但是这种讥讽只是表明,如果就道听途说的事情发表意见,甚至聪明的和革命的社会民主党人也会陷入窘境的。德国社会民主党还不能很快就打死熊(实现社会主义革命),但是他们关于"敢不敢"打死这只熊的争论已经具有巨大的原则意义和政治实践意义。俄国社会民主党人还不能很快就"打死自己的熊"(实现民主革命),但是我们"敢不敢"打死这只熊的问题,对于俄国的整个未来和俄国社会民主党的未来都有极其重大的意义。没有我们"敢于"胜利的信心,就根本谈不到努力而成功地去聚集军队,领导军队。

就拿我们的旧"经济派"来说吧。他们也曾大喊大叫,说他们的论敌是密谋家,是雅各宾派(见《工人事业》杂志,特别是第10期,以及马尔丁诺夫在第二次代表大会[47]讨论党纲时的发言),说这些人因投身于政治而脱离群众,说这些人忘记了工人运动的基础,无视工人的主动性,等等等等。实际上,这些拥护"工人的主动性"的人,都是些把自己对无产阶级任务的狭隘而庸俗的见解强加于工人的知识分子机会主义者。实际上,谁都可以从旧《火星报》上看到,反对"经济主义"的人并没有放弃或者轻视社会民主党工作的任何一个方面,丝毫没有忘记经济斗争,同时又善于尽可能广泛地提出当前的紧急的政治任务,反对把工人政党变为自由派资产阶级的"经济"附属品。

经济派背熟了政治以经济为基础的原理,把这个原理"理解"为必须把政治斗争降低为经济斗争。新火星派背熟了民主革命按其经济基础说是资产阶级革命的原理,把这个原理"理解"为必须把无产阶级的民主主义任务降低到资产阶级温和立场的水平,降低到不使"资产阶级退出"的限度。"经济派"打着加深工作的幌

101

子,打着工人的主动性和纯粹的阶级政策的幌子,事实上把工人阶级交给了自由派资产阶级政治家去支配,即把党引上一条正是具有这样的客观意义的道路。现在新火星派也打着同样的幌子,事实上是要把无产阶级在民主革命中的利益出卖给资产阶级,即要把党引上一条正是具有这样的客观意义的道路。"经济派"认为领导政治斗争不是社会民主党人的事情,而是自由派分内的事情。新火星派认为积极实现民主革命不是社会民主党人的事情,而是民主派资产阶级分内的事情,因为无产阶级的领导和起最重要作用的参与会使革命的"规模缩小"。

总而言之,新火星派不仅就他们在党的第二次代表大会上的起源来说是"经济主义"的后裔,而且就他们现在对无产阶级在民主革命中的策略任务的提法来说也是"经济主义"的后裔。他们也是党内的知识分子机会主义派。在组织方面,他们从知识分子的无政府主义个人主义开始,以"破坏-过程"而告终,他们在代表会议所通过的"章程"[48]中,明文规定了党的出版物脱离党组织的制度,规定了几乎是四级的间接选举制,规定了波拿巴主义的全民投票制以代替民主的代表制,最后还规定了部分和整体实行"协商"的原则。在党的策略方面,他们也是沿着同样的斜坡滚下去的。他们在"地方自治运动的计划"中,把在地方自治人士面前发表讲话叫做"高级形式的示威",认为政治舞台上只有两种积极力量(是在1月9日事件前夜!)即政府和资产阶级民主派。他们"加深了"武装起来的迫切任务,把这个直接的实践的口号换成所谓用自我武装的热望武装起来的号召。对武装起义、临时政府、革命民主专政等任务,他们现在都在自己的正式决议中加以曲解和磨掉锋芒。"不要让资产阶级退出",这就是他们的最后一个决议的结语,它十分清楚地表明了他们那条道路要把党引导到什么地方去。

俄国的民主革命就其社会经济实质来说,是资产阶级的革命。仅仅重复这个正确的马克思主义原理是不够的。要善于理解它,要善于把它应用在政治口号上。总的说来,现代生产关系即资本主义生产关系基础上的全部政治自由都是资产阶级的自由。自由这一要求首先表现了资产阶级的利益。资产阶级的代表人物最先提出了这个要求。资产阶级的拥护者到处都以主人的资格来利用所得到的自由,把它局限在温和谨慎的资产阶级的范围内,在和平时期把它和镇压革命无产阶级的最精巧的手段配合起来。在风暴时期把它和镇压革命无产阶级的野蛮残暴的手段配合起来。

但是,只有骚乱派-民粹派、无政府主义者和"经济派"才能因此否定或贬低争取自由的斗争。强迫无产阶级接受这种知识分子庸俗学说的企图,往往只能得逞于一时,而且要遭到无产阶级的反抗。无产阶级总是本能地觉察到,政治自由虽然会直接把资产阶级加强起来和组织起来,然而它是无产阶级所需要的东西,是无产阶级最需要的东西。无产阶级拯救自己的道路不是离开阶级斗争,而是发展阶级斗争,扩大阶级斗争的范围,加强阶级斗争的自觉性、组织性和坚定性。谁贬低政治斗争的任务,谁就是把社会民主党人由人民代言人变为工联书记。谁贬低无产阶级在资产阶级民主革命中的任务,谁就是把社会民主党人由人民革命的领袖变为自由工会的头目。

是的,是**人民**革命。社会民主党过去和现在都有充分的理由反对资产阶级民主派滥用人民一语。它要求人们不要利用这个字眼来掩盖自己对人民内部的阶级对抗的无知。它坚决主张无产阶级的党必须保持完全的阶级独立性。但是它把"人民"分为各个"阶级",并不是要先进的阶级闭关自守,把自己限制在狭小的范围内,因考虑不让世界的经济主人退出而阉割自己的活动,而是要先进的阶级不沾染中间阶级的不彻底、不稳定和不坚决的毛病,从而能以更大的毅力和更大的热情领导全体人民去为全体人民的事业奋斗。

这就是现在的新火星派常常不理解的道理,他们不是提出民主革命中的积极的政治口号,而只是说教式地重复"阶级的"这个词,把这个词的用法变来变去!

民主革命是资产阶级革命。土地平分或土地与自由的口号,这个在备受压抑、愚昧无知、但渴望光明和幸福的农民群众中流行最广的口号,是资产阶级的口号。但是我们马克思主义者应当知道,除了资产阶级自由和资产阶级进步的道路,没有而且也不可能有其他道路可以使无产阶级和农民得到真正的自由。我们不应当忘记,现在除了充分的政治自由,除了民主共和制,除了无产阶级和农民的革命民主专政,没有而且也不可能有其他手段可以加速社会主义的到来。作为先进的和唯一革命的阶级的代表,作为毫无保留、毫不犹豫、毫不反顾的革命阶级的代表,我们应当尽可能广泛、尽可能大胆、尽可能主动地向全体人民提出民主革命的任务。贬低这些任务,就是在理论上使马克思主义变得面目全非,就是对马克思主义的庸俗的歪曲,而在政治实践上是让一定会避开彻底实现革命这个任务的资产阶级去支配革命事业。在到达革命完全胜利的道路上,困难是很大的。如果无产阶级的代表做了他们力所能及的一切,而他们的一切努力都因反动势力的抵抗、资产阶级的背叛和群众的愚昧无知而失败,那谁也不能谴责他们。可是,如果社会民主党因害怕胜利,因考虑不让资产阶级退出而削弱民主革命的革命力量,削弱革命热情,那所有的人,首先是觉悟的无产阶级,都是要谴责它的。

革命是历史的火车头,——马克思这样说过。① 革命是被压迫者和被剥削者的盛大节日。人民群众在任何时候都不能像在革命时期这样以新社会制度的积极创造者的身份出现。在这样的时期,人民能够作出从市侩的渐进主义的狭小尺度看来是不可思议的奇迹。但是,在这样的时候,革命政党的领导者也必须更广泛、更大胆地提出任务,使他们的口号始终走在群众的革命主动性的前面,成为他们的灯塔,向他们表明我们的民主主义理想和社会主义理想的无比宏伟和无比壮丽,向他们指出达到完全的无条件的彻底胜利的最近最直的道路。让"解放派"资产阶级的机会主义者们因害怕革命、害怕走直路而去臆造迂回曲折的妥协道路吧。如果我们将被迫沿着这样的道路慢慢地拖着步子走,那我们也能在细小的日常工作中尽自己的责任。但是,首先让无情的斗争来解决选择道路的问题吧。如果我们不利用群众这种盛大节日的活力及其革命热情来为直接而坚决的道路无情地奋不顾身地斗争,我们就会成为背叛革命和出卖革命的人。让资产阶级的机会主义者们心惊胆战地去考虑将来的反动吧。工人既不会为反动势力要实行恐怖手段的思想所吓倒,也不会为资产阶级要退出的思想所吓倒。工人并不期待做交易,并不乞求小恩小惠,他们力求无情地粉碎反动势力,即实现**无产阶级和农民的革命民主专政**。

不用说,在风暴时期,比起自由主义缓慢进步的风平浪静的

---

① 参看《马克思恩格斯选集》第 3 版第 1 卷第 527 页。——编者注

"航行"时期,即工人阶级忍着痛苦让剥削者们慢慢榨取自己的血汗的时期,我们的党的航船遇到的危险会更多。不用说,革命民主专政的任务要比"持极端反对派态度"和单纯议会斗争的任务困难千倍,复杂千倍。但是,谁要在当前的革命时期故意选择平稳的航行和安全的"反对派"的道路,那最好是请他暂时放下社会民主党的工作,请他去等待革命结束,等待盛大节日过去,等待寻常的生活重新开始,那时,他那种寻常的狭小的尺度就不会显得这样令人作呕地不协调,就不会这样丑恶地歪曲先进阶级的任务。

领导全体人民特别是农民来为充分的自由,为彻底的民主革命,为共和制奋斗! 领导一切被剥削的劳动者来为社会主义奋斗! 革命无产阶级的政策实际上就应当是这样;工人政党在革命时期应当用来贯彻和决定每一个策略问题和每一个实际步骤的阶级口号就是这样。

补 充 说 明
再论解放派, 再论新火星派

《解放》杂志第 71—72 期和《火星报》第 102—103 号,给我们在本书第 8 节中所讨论的问题提供了异常丰富的新材料。我们在这里决不可能把所有这些丰富的材料都利用起来,我们只谈谈最主要的:第一,《解放》杂志称赞社会民主党内的哪一种"现实主义",它为什么要称赞这种"现实主义";第二,革命和专政这两个概念的相互关系。

一　资产阶级自由派的现实主义者 为什么称赞社会民主党内的 "现实主义者"?

《俄国社会民主党内的分裂》和《理智的胜利》这两篇文章(《解放》杂志第 72 期),是自由派资产阶级的代表人物对社会民主党作的判断,这个判断对觉悟的无产者说来是非常宝贵的。应当向每个社会民主党人大力推荐这两篇文章,让他们从头到尾读一遍，并且**仔细考虑**其中的每一句话①。我们先把这两篇文章的主要论点转抄如下：

"对局外人来说，——《解放》杂志说道，——要弄清使社会民主党分裂为两派的意见分歧的真实政治意义是相当困难的。说'多数派'是更激进的和直线式的，而'少数派'则为了事业的利益容许作某些妥协，这并不完全确切，无论如何不是一个全面的评语。至少，少数派也许比列宁派更热心地遵守马克思主义正统思想的传统教条。我们觉得下面这样的评语更加确切。'多数派'的基本政治情绪是抽象的革命主义，骚乱主义，趋向于不择手段地在人民群众中发动起义并以人民群众的名义来立刻夺取政权；这就使'列宁派'和社会革命党人在一定程度上接近起来，用俄国全民革命的思想排挤掉他们意识中的阶级斗争的思想；'列宁派'虽然在实践上摒弃了社会民主党学说中的许多狭隘成分，但是同时又浸透了革命主义的狭隘性，除了准备立刻起义以外，他们拒绝进行任何其他实际工作，原则上蔑视一切合法的和半合法的鼓动工作，蔑视一切实际有益的同其他反对派别的妥协。与此相反，少数派虽然固守着马克思主义的教条，但是同时也保存了马克思主义世界观的现实主义成分。这一派的基本思想是把'无产阶级'的利益和资产阶级的利益对立起来。但是另一方面，又能以现实态度清醒地——当然是在社会民主党不可动摇的教条所要求的一定限度内——考虑无产阶级的斗争，清楚地认识到这个斗争的一切具体条件和任务。两派都不是充分彻底地贯彻自己的基本观点，因为它们在自己的思想政治创作活动中受到社会民主党教义问答的严格公式的拘束，这些公式妨碍'列宁派'成为至少像某些社会革命党人那样的直线式的骚乱派，同时这些公式又妨碍'火星派'成为工人阶级现实政治运动的实际领导者。"

《解放》杂志的著作家接着引述了几个主要决议的内容，同时就这些决议发表了几点具体意见来说明他的总的"思想"。他说，和第三次代表大会比较起来，"少数派代表会议是用完全不同的态度对待武装起义的"。"由于对武装起义的态度不同"，关于临时政府的决议也就互不相同。"同样的意见分歧

---

① 手稿上下面的话已被勾掉："社会民主党人的（所有现代敌人中的）最可恶的、最强大的（在现代社会中）和最机智的敌人作出的判断，是使社会民主党人本身受到政治教育的最宝贵的材料。"——俄文版编者注

在对工会的态度上也暴露出来了。'列宁派'在他们的决议中一句话也没有提到在政治上教育工人阶级和组织工人阶级的这个最重要的出发点。反之，少数派却制定了很郑重的决议。"在对自由派的态度方面，据说两派意见一致，但是第三次代表大会"几乎逐字逐句地重复了第二次代表大会根据普列汉诺夫提案通过的关于对自由派的态度的决议，并否决了同一个代表大会根据斯塔罗韦尔提案通过的对自由派比较友善的决议"。代表大会和代表会议双方关于农民运动问题的决议虽然大体相同，"但是'多数派'更强调用革命手段没收地主等人的土地的思想，而'少数派'却想把要求实行国家和行政方面的民主改良当做鼓动工作的基础"。

最后，《解放》杂志从《火星报》第100号上引证了孟什维克的一个决议，其主要条文是："鉴于现在单靠地下工作已不能保证群众充分地参加党的生活，而且还在某种程度上使群众和党这个秘密组织对立起来，所以党必须对工人在合法基础上进行的工会斗争加以领导，并且把这个斗争和社会民主主义任务紧紧地联系起来。"《解放》杂志在评论这个决议时喊道："我们热烈欢迎这个决议，它是理智的胜利，是社会民主党内一部分人有了策略上的省悟的表现。"

现在读者已经看到了《解放》杂志的一切重要判断。如果以为这些判断符合客观真理，那当然是极端错误的。从这些判断中，任何一个社会民主党人都不难随时发现错误。如果忘记所有这些判断都浸透了自由派资产阶级的利益和观点，忘记这些判断从头到尾充满了这种性质的偏袒和成见，那就是幼稚。这些判断反映社会民主党的观点，正如凹镜或凸镜反映物体一样。但是，如果忘记，这些资产阶级的歪曲的判断归根到底反映资产阶级的真正利益，而资产阶级作为一个阶级无疑能够正确了解社会民主党内哪些趋向对它——资产阶级——有利，和它亲近，和它有血缘关系，为它所喜爱，哪些趋向对它有害，和它疏远，和它不相容，为它所嫌恶，——如果忘记这一点，那就更加错误了。资产阶级的哲学家或资产阶级的政论家，永远不能正确了解社会民主党，无论是孟什维

克的社会民主党还是布尔什维克的社会民主党。但是，如果他是
一个多少明白一些事理的政论家，那么他的阶级本能就不会欺骗
他，他总是能够从实质上正确了解社会民主党内这个或那个派别
对资产阶级的意义，尽管他会作出歪曲的说明。因此，我们的敌人
的阶级本能，他所作的阶级判断，在任何时候都值得每一个觉悟的
无产者予以极大的注意。

那么，俄国资产阶级的阶级本能借解放派之口向我们说了些
什么呢？

它十分明确地表示它对新火星派的趋向满意，称赞新火星派
的现实主义、头脑清醒、理智的胜利、决议的郑重、策略上的省悟、
讲求实际等等，同时它又十分明确地表示它对第三次代表大会的
趋向不满意，斥责第三次代表大会的狭隘性、革命主义、骚乱主义、
否定实际有益的妥协等等。资产阶级的阶级本能恰巧使它觉察到
我们的书刊中用最准确的材料再三证明过的事情，即新火星派是
现代俄国社会民主党内的机会主义派，而他们的反对者是现代俄
国社会民主党内的革命派。自由派不能不同情前者的趋向，也不
能不斥责后者的趋向。自由派是资产阶级的思想家，他们非常了
解，对资产阶级有利的是工人阶级的"讲求实际、头脑清醒和态度
郑重"，即事实上把它的活动场所限制在资本主义、改良和工会斗
争等等的范围内。对资产阶级危险而可怕的是无产阶级的"革命
主义的狭隘性"，是无产阶级为了自己的阶级任务而努力争当俄
国全民革命的领导者。

"现实主义"这个名词在解放派心目中的含义确实是这样的，
这从《解放》杂志和司徒卢威先生过去对这个名词的用法中也可
以看出来。《火星报》自己也不能不承认解放派的"现实主义"有

这样的含义。例如，请回想一下《火星报》第 73 — 74 号附刊上那篇题为《是时候了！》的文章吧。该文作者（他一贯地体现了俄国社会民主工党第二次代表大会上的"泥潭派"[49]的观点）坦率地表示了自己的意见，认为"阿基莫夫在代表大会上所起的作用与其说是机会主义真正代表者的作用，不如说是机会主义幽灵的作用"。《火星报》编辑部不得不立刻来纠正《是时候了！》一文作者的说法，它在附注中宣称：

> "我们不能同意这个意见。阿基莫夫同志在纲领问题上的观点具有明显的机会主义标记，这是《解放》杂志的批评家也承认的。这位批评家在该杂志最近一期上说，阿基莫夫同志归附于'现实主义的'——应读做：修正主义的——派别。"①

可见，《火星报》自己十分清楚，解放派的"现实主义"就是机会主义，而不是别的什么东西。《火星报》现在在攻击"自由派的现实主义"（《火星报》第 102 号）时，**丝毫不提自由派称赞过它的现实主义的事实**，这是因为这种称赞比任何斥责都要辛辣。这种称赞（《解放》杂志的这种称赞不是偶然的而且也不是第一次）实际上证明了自由派的现实主义和社会民主党人的"现实主义"（应读做：机会主义）趋向，即新火星派因其整个策略立场的错误而在他们的每一个决议中显示出来的那种趋向，是有血缘关系的。

其实，俄国资产阶级已经完全暴露了它在"全民"革命中的不彻底和自私自利——既暴露于司徒卢威先生的议论中，又暴露于大批自由派报纸的全部论调和内容中，还暴露于大批地方自治人

---

① 手稿上接着有如下的说明："（参看《前进报》出版的传单《一个热心效劳的自由派》）"（《列宁全集》中文第 2 版增订版第 9 卷第 55 — 58 页。——编者注）。——俄文版编者注

士、大批知识分子以及所有一切站在特鲁别茨科伊、彼特龙凯维奇、罗季切夫等等先生们一边的人们的政治言论的性质上。资产阶级当然并不总是清楚地了解,但是总的说来,凭着自己的阶级嗅觉却能很好地领悟到:一方面,无产阶级和"人民"对**资产阶级的**革命是有用的,就是说,可以把他们当做炮灰,当做摧毁专制制度的攻城槌;但是另一方面,如果无产阶级和革命农民取得"对沙皇制度的彻底胜利"并且把民主革命进行到底,那对它又是非常危险的。因此,资产阶级就尽一切力量来使无产阶级满足于在革命中起"微弱的"作用,使无产阶级清醒些、实际些、现实些,使无产阶级的活动以"不要让资产阶级退出"的原则为标准。

有学识的资产者非常清楚,工人运动是他们摆脱不了的。因此,他们绝不反对工人运动,绝不反对无产阶级的阶级斗争;不,他们甚至极力赞美罢工自由,赞美文明的阶级斗争,把工人运动和阶级斗争理解为布伦坦诺式或希尔施—敦克尔式的东西。换句话说,他们完全愿意把罢工和结社的自由(事实上是工人自己差不多已经争得的自由)"奉送给"工人,只要工人抛弃"骚乱主义",抛弃"狭隘的革命主义",不再仇视"实际有益的妥协",不再追求和渴望给"俄国全民革命"刻上**自己的**阶级斗争的标记,刻上无产阶级彻底性、无产阶级坚决性、"平民雅各宾主义"的标记。因此,有学识的资产者在全国各地千方百计通过书籍①、报告、演说、谈话等等拼命劝导工人要有(资产阶级的)清醒头脑,要(像自由派那样)讲求实际,要抱(机会主义的)现实主义态度,要进行(布伦坦诺式的)阶级斗争[50],要办(希尔施—敦克尔式的)工会[51],如此等

① 参看**普罗柯波维奇**《俄国工人问题》一书。

等。后两个口号对"立宪民主"党或"解放"党的资产者们特别方便,因为它们在表面上和马克思主义的口号是一致的,因为只要稍加省略,稍加曲解,就很容易把它们和社会民主主义的口号混淆起来,有时甚至很容易用它们来冒充社会民主主义的口号。例如,合法的自由派报纸《黎明报》[52](关于它,我们以后还要和《无产者报》的读者们详细谈谈)往往说出关于阶级斗争、无产阶级可能被资产阶级欺骗、工人运动、无产阶级主动性等等这样一些非常"大胆的"话,使那些漫不经心的读者和觉悟不高的工人很容易把该报的"社会民主主义"当做真货看待。实际上,这是按资产阶级精神伪造社会民主主义的把戏,是用机会主义来歪曲和曲解阶级斗争概念的伎俩。

这一整套规模巨大的(按其影响群众的广度来说)偷天换日的资产阶级把戏,归根到底是企图把工人运动化为主要是工会运动,使工人运动远远地离开独立的(即革命的、以实现民主专政为目标的)政策,"用阶级斗争的思想来排挤掉工人意识中的俄国全民革命的思想"。

读者可以看到,我们把《解放》杂志的公式颠倒过来了。这是个绝妙的公式,它非常清楚地表明了对无产阶级在民主革命中的作用问题的两种观点,一种是资产阶级的观点,另一种是社会民主党的观点。资产阶级想叫无产阶级只进行工会运动,从而"用(**布伦坦诺式的**)阶级斗争的思想来排挤掉工人意识中的俄国全民革命的思想",——这和伯恩施坦派《信条》起草人用"纯粹工人"运动的思想来排挤掉工人意识中的政治斗争的思想完全相同。反之,社会民主党想把无产阶级的阶级斗争发展为无产阶级以领导者身份参加俄国全民革命,即把这个革命进行到实现无产阶级和农民的民主专政。

资产阶级对无产阶级说道，我国的革命是全民的革命，因此你们既然是个特殊的阶级，就应当只限于进行自己的阶级斗争，就应当为了"理智"而把自己的主要注意力集中在工会和使工会合法化上面，就应当恰好是把这些工会看做"在政治上教育和组织你们自己的最重要的出发点"，就应当在革命时期制定一些多半是像新火星派的决议那样的"郑重的"决议，就应当爱惜那些"对自由派比较友善的"决议，就应当选择那些想要成为"工人阶级现实政治运动的实际领导者"的人来领导，就应当"保存马克思主义世界观的现实主义成分"（如果你们不幸已被这种"不科学的"教义问答的"严格公式"所沾染的话）。

社会民主党对无产阶级说道，我国的革命是全民的革命，因此，你们既然是最先进的和唯一彻底革命的阶级，就不仅要最积极地参加这个革命，而且要力求领导这个革命，因此你们不应当局限在被狭隘地了解为主要是工会运动的那种阶级斗争的范围内，相反，应当竭力扩大你们的阶级斗争的范围和内容，**一直到**不仅**包括**俄国当前的全民民主革命的**一切**任务，而且**包括**以后的社会主义革命的任务。因此，在不忽视工会运动，不拒绝利用任何一点合法活动的机会的同时，你们应当在革命时期把实行武装起义、建立革命军队和革命政府的任务提到第一位，把这当做取得人民对沙皇制度的完全胜利、争得民主共和制和真正的政治自由的唯一道路。

至于新火星派的决议因"路线"错误而在这个问题上采取了多么不彻底的、不一贯的、因而自然是资产阶级所喜爱的立场，就不用多说了。

二　马尔丁诺夫同志又来"加深"问题了

现在我们来谈谈马尔丁诺夫发表在《火星报》第 102 号和第 103 号上的文章。马尔丁诺夫企图证明我们把许多从恩格斯和马克思的著作中摘引出来的话解释得不正确而他却解释得正确,对于这种企图,不用说,我们是不会去反驳的。这种企图是很不严肃的,马尔丁诺夫的遁词是一望而知的,问题是很明显的,如果再加以分析,就没有什么意思了。任何一个用心的读者,都会很容易识破马尔丁诺夫的这个不很巧妙的全线退却的诡计,何况《无产者报》一部分撰稿人准备的恩格斯所著《行动中的巴枯宁主义者》和马克思所著《共产主义者同盟执行委员会的通告》(1850 年 3 月)的全译本,很快就要出版了[53]。只要从马尔丁诺夫的文章中引证一段话,就足以使读者看清马尔丁诺夫的退却。

马尔丁诺夫在《火星报》第 103 号上说,《火星报》"承认成立临时政府是发展革命的可能而适当的途径之一,否认社会民主党人参加**资产阶级**临时政府是适当的,正是为了要在将来完全占有国家机器来实行社会主义革命"。换句话说,《火星报》现在已经承认,它的一切恐惧——怕革命政府必须对国库和银行负责,怕把"监狱"拿到自己手里来会有危险而且还怕拿不到自己手里来等等,都是荒诞不经的。《火星报》只是照旧糊里糊涂,把民主专政和社会主义专政混为一谈。为了掩护退却,糊涂是不可避免的。

但是在新《火星报》的糊涂虫中间,马尔丁诺夫表现最为突出,他是个头号的糊涂虫,甚至可以说是个才能出众的糊涂虫。他每次大卖气力"加深"问题而把问题弄糊涂时,几乎总是同时"想出"一些新的公式,把他所采取的立场的全部虚伪性暴露无遗。请回想一下,他在"经济主义"时代是如何"加深"普列汉诺夫,如何独出心裁地创造了"对厂主和政府作经济斗争"的公式的。在经济派的全部著作中,很难找到能比这个公式更恰当地表明这一派的全部虚伪性的说法。现在也是如此。马尔丁诺夫很热心地替新《火星报》效劳,并且几乎是一说话就为我们评价新火星派的虚伪立场提供一些出色的新材料。他在第 102 号上说列宁"悄悄地调换了革命和专政的概念"(第 3 版第 2 栏)。

实际上,新火星派加给我们的一切罪名都可以归结为这个罪名。而我们是多么感谢马尔丁诺夫加给我们这样一个罪名啊!他提出这样一个罪名,就在我们和新火星派的斗争中给了我们一种十分宝贵的帮助!我们真要请求《火星报》编辑部更多地让马尔丁诺夫出来反对我们,"加深"他们对《无产者报》的攻击,并且"真正有原则地"表述这些攻击,因为马尔丁诺夫愈是努力要说得有原则些,就愈是说得糟糕,就愈加清楚地暴露出新火星派的破绽,就愈加成功地对自己和自己的朋友们作个有教益的解剖,使人们看到新《火星报》的原则如何被引到荒谬绝伦的地步(reductio ad absurdum)。

《前进报》和《无产者报》"调换了"革命和专政的概念。《火星报》不愿这样"调换"。最可敬的马尔丁诺夫同志,事情正是这样!您无意中说出了一个非常真实的情况。您用**新的**说法证实了我们的论点:《火星报》是在做革命的尾巴,它竟像解放派那样表述革命的任务,而《前进报》和《无产者报》则提出了要把民主革命引向前进的口号。

马尔丁诺夫同志,您不懂得这一点吗?因为这个问题很重要,我们不妨费点气力来给您作一番详尽的解释。

民主革命的资产阶级性质的表现之一,就是许多完全以承认私有制和商品经济为立足点而不能越出这个范围的社会阶级、集团和阶层,都迫于形势而不得不承认专制制度和整个农奴制度已不适用,都附和要求自由的呼声。而为"社会"所要求、为地主和资本家滔滔不绝的言词(仅仅是言词!)所维护的**这种**自由所具有的资产阶级性质,却愈来愈明显地暴露出来了。与此同时,工人争取自由的斗争和资产阶级争取自由的斗争之间、无产阶级的民主主义和自由派的民主主义之间的根本区别,也愈来愈清楚了。工人阶级和它的觉悟的代表勇往直前,把这个斗争推向前进,不仅不怕把这个斗争进行到底,而且力求远远地越过民主革命所能达到的最终点。资产阶级是不彻底的和自私自利的,它只是不完全地和虚伪地接受自由的口号。无论怎样企图用特别的线条,用特别拟定的"条款"(如斯塔罗韦尔决议或代表会议派决议中的那些条款)来定出一个界限,借以鉴定资产阶级的自由之友的这种虚伪态度,或者说资产阶级的自由之友的这种出卖自由的行为,都必然是注定要失败的,因为处在两堆火(专制制度和无产阶级)中间的资产阶级能千方百计地改变自己的立场和口号,能看风使舵,时而稍微偏左,时而稍微偏右,经常讨价还价,施展经纪人的本领。无产阶级民主主义的任务不是臆造这种僵死的"条款",而是不倦地评价不断发展的政治局势,揭露资产阶级不断表现出来的、难以预料的不彻底性和叛变。

请回想一下司徒卢威先生在秘密报刊上发表政治言论的历

史,回想一下社会民主党和他交战的历史,这样就会清清楚楚地看到,为无产阶级民主主义而奋斗的社会民主党是怎样实现这些任务的。司徒卢威先生开始是提出纯粹希波夫式的口号:"权利与拥有权力的地方自治机关"(见我发表在《曙光》杂志[54]上的文章:《地方自治机关的迫害者和自由主义的汉尼拔》①)。社会民主党揭露了他,并且推动他提出明确的立宪主义纲领。当这种"推动"因革命事变进展特别迅速而发生了作用时,斗争就指向民主主义的**下一个**问题:不仅要有宪法,而且一定要有普遍、直接、平等和无记名投票的选举制。当我们从"敌军"那里"占领了"这个新阵地的时候(即"解放社"已接受普选制的时候),我们就更向前逼进,指明两院制的伪善和虚假,指明解放派没有完全承认普选制,并且以他们的**君主主义**立场为例证来揭露他们的民主主义所具有的经纪人的性质,或者换句话说,揭露这些解放派钱袋英雄**廉价出卖**伟大俄国革命的利益的企图。

最后,专制政府冥顽不化,国内战争大踏步前进,君主派使俄国陷入绝境,这些已开始使最保守的脑袋开窍了。革命已成为**事实**。现在已经不是只有革命家才承认革命的时候了。专制政府事实上已经在腐烂,而且就在大家的眼前腐烂下去。正如一个自由派(格列杰斯库尔先生)在合法刊物上公正地指出的那样,已经形成了事实上不服从这个政府的局面。专制制度虽然表面上还很强大,但是它实际上已软弱无力;日益发展的革命事变已经开始把这个活生生腐烂着的寄生机体干脆推到一边去。自由派资产者不得不以事实上正在形成的现有关系为立足点来进行活动(或者更正

---

① 见《列宁全集》中文第 2 版增订版第 5 卷第 18—64 页。——编者注

确些说,进行政治投机),**开始觉得必须承认革命**。他们这样做,
并不是因为他们是革命家,而尽管他们不是革命家,他们也得这样
做。他们这样做是迫不得已,是违反自己的意愿的,他们愤怒地看
着革命取得进展,而责怪专制政府太革命,因为这个专制政府不愿
妥协,而想作殊死斗争。他们是天生的买卖人,仇恨斗争,仇恨革
命,但是客观形势迫使他们站到革命的基地上来,因为他们没有其
他的立足之地。

我们在观看一场很有教益而又非常滑稽可笑的演出。资产阶
级自由主义的娼妓企图穿上革命的外衣。解放派,——且慢发笑,
先生们! ——解放派开始代表革命说话了! 解放派开始要我们相
信他们"不怕革命"(司徒卢威先生语,见《解放》杂志第72期)!!!
解放派已表示要"领导革命"!!!

这是一个非常值得注意的现象,它不仅标志着资产阶级自由
主义的进步,而且更标志着革命运动的实际成就方面的进步:这个
革命运动已经**迫使**人们对它表示承认。甚至资产阶级也开始感到
站在革命的基地上是比较有利的,可见专制制度已被动摇到什么
程度了。可是,另一方面,这个证明整个运动已上升到新的更高阶
段的现象,又向我们提出一些也是新的、也是更高的任务。不管资
产阶级某个思想家个人是否诚实,资产阶级对革命的承认不可能
是真心诚意的。资产阶级不会不把自私自利和不彻底性、小商人
习气和卑鄙的反动诡计,随身带到运动的这个更高的阶段中来。
现在,为了贯彻我们的纲领和发展我们的纲领,我们应当**另行**规定
革命的当前的**具体**任务。昨天足够的东西,**今天已经不够了**。昨
天,把要求承认革命作为先进的民主口号也许是足够的。现在,它
已经不够了。革命甚至已经迫使司徒卢威先生对它表示承认。现

在,要求于先进阶级的,是确切规定这个革命的刻不容缓的迫切任务的**内容本身**。司徒卢威先生们虽然承认革命,但是立刻就一次又一次地露出马脚,又唱起陈词滥调,说什么可能达到和平的结局,说**尼古拉**将召请解放派先生们上台执政,如此等等。解放派先生们承认革命,目的是要比较安全地阉割这个革命,出卖这个革命。现在,我们应当向无产阶级和全体人民指出,只提革命这个口号是不够的,必须清楚而毫不含糊地、彻底而坚决地把革命的**内容本身**确定下来。而能够这样确定革命内容的就是那个唯一能够正确表明革命"彻底胜利"的口号:无产阶级和农民的革命民主专政。

　　滥用字眼是政治方面最普通的现象。例如,一再地自称为"社会主义者"的就有英国资产阶级自由派(哈科特说:"现在我们大家都是社会主义者"——"We all are socialists now"),还有俾斯麦的信徒和教皇利奥十三世的朋友。"革命"一语也完全可以被人们滥用,而当运动发展到一定阶段的时候,这种滥用是不可避免的。当司徒卢威先生以革命的名义说起话来的时候,我们不由得想起了梯也尔。在二月革命前几天,这个侏儒怪物,这个资产阶级政治叛变行为的理想代表人物,就嗅到了人民风暴即将来临的气息。于是他在议会讲台上宣称他**属于革命党**!(见马克思的《法兰西内战》①)解放派转到革命党方面来的政治意义和梯也尔的这种"转变"**是完全相同的**。当俄国的梯也尔们开始说他们属于革命党的时候,这就表明革命这一口号已经不够了,已经什么也不能说明,任何任务都不能确定了,因为革命已经成为事实,而各色各

----

① 见《马克思恩格斯选集》第 3 版第 3 卷第 43—131 页。——编者注

样的人都纷纷拥向革命方面来了。

从马克思主义观点来看,革命究竟是什么意思呢? 这就是用暴力打碎陈旧的政治上层建筑,即打碎那种由于同新的生产关系发生矛盾而到一定的时候就要瓦解的上层建筑。现在,专制制度同资本主义俄国的整个结构的矛盾,同资本主义俄国向资产阶级民主方面发展的一切需要的矛盾,愈是长久地勉强被保持下去,它就愈加强烈地促使专制制度瓦解。上层建筑已经到处都是裂缝,经受不住强攻,日益削弱下去了。人民不得不通过各个阶级和各个集团的代表自己来为自己建造新的上层建筑。到了一定的发展阶段,旧的上层建筑的毫无用处就成为尽人皆知的事实。革命已经是大家都承认的了。现在的任务是确定究竟应该**由哪些**阶级来建造新的上层建筑和**用什么样的方式**来建造。要不确定这一点,革命这一口号在目前就是一个空洞的毫无内容的口号,因为专制制度的虚弱无力使得大公们和《莫斯科新闻》[55]也变成"革命者"了! 要不确定这一点,那就根本谈不到先进阶级的先进的民主主义任务。而用来确定这一点的就是无产阶级和农民的民主专政的口号。这个口号既能确定新上层建筑的新"建筑者"可能而且应当依靠哪些阶级,又能确定这一上层建筑是什么性质(和社会主义专政不同的"民主"专政)和采取什么建筑方式(实行专政,即用暴力镇压暴力的抵抗,武装人民中的革命阶级)。现在,谁不承认这个革命民主专政的口号,不承认建立革命军队、革命政府和革命农民委员会的口号,那他不是根本不了解革命的任务,没有能力确定当前形势所提出的新的和更高的革命任务,就是滥用"革命"这一口号来欺骗人民,出卖革命。

马尔丁诺夫同志和他的那班朋友属于前一种情况。司徒卢威先生和整个"立宪民主"地方自治派属于后一种情况。

马尔丁诺夫同志真是又机灵又精明,正好是在革命的发展要求人们用专政的口号来确定革命任务的时候,他却责备别人"调换"革命和专政的概念! 马尔丁诺夫同志事实上又不幸做了尾巴,在上上阶段上搁了浅,**结果竟停留在解放派的水平上**,因为目前适合于解放派的政治立场,即适合于自由主义君主派资产阶级的利益的,正是承认"革命"(口头上的革命),而不愿承认无产阶级和农民的民主专政(即事实上的革命)。自由派资产阶级现在通过司徒卢威先生表示赞成革命。觉悟的无产阶级通过革命的社会民主党人要求实行无产阶级和农民的专政。这时,新《火星报》的一位聪明人又来介入这场争论,喊道:可别"调换"革命和专政的概念呀! 看,新火星派的虚伪立场注定要使他们永远做解放派的尾巴,难道不是这样吗?[56]

我们已经指出,解放派在承认民主主义方面是一步一步上升的(这里有社会民主党的鼓励推动作用)。起初,我们和他们争论的问题是:希波夫主义(权利与拥有权力的地方自治机关)呢,还是立宪主义? 后来是:有限制的选举呢,还是普选制? 再后来是:承认革命呢,还是去和专制政府做经纪人的交易? 最后,现在是:承认革命而不要无产阶级和农民的专政呢,还是承认这两个阶级在民主革命中的专政要求? 很可能解放派先生们(无论是现在的解放派或者是他们在资产阶级民主派左翼中的继承者,反正都是一样)还会上升一步,就是说,很可能过一些时候(也许是在马尔丁诺夫同志也上升一步的时候)也承认专政的口号。如果俄国的革命顺利地前进并且获得彻底的胜利,这甚至是不可避免的事情。那时,社会民主党的立场又将怎样呢?

现在这个革命的完全胜利就是民主革命的终结和为社会主义革命而坚决斗争的开始。今天的农民的要求一得到满足,反动势力一被完全粉碎,民主共和制一争取到手,资产阶级的、甚至小资产阶级的革命性就将全部完结,而无产阶级争取社会主义的真正的斗争就会开始。民主革命实现得愈完全,这个新的斗争就会开展得愈迅速,愈广泛,愈纯粹,愈坚决。"民主"专政这个口号表明现在这个革命的历史的局限性,表明在新制度的基地上为争取工人阶级完全摆脱任何压迫和任何剥削而进行新斗争的必然性。换句话说,当民主派资产阶级或小资产阶级再上升一步的时候,当不仅革命成为事实,而且革命的完全胜利也成为事实的时候,我们就会用无产阶级社会主义专政的口号,即完全的社会主义革命的口号,来"调换"(也许是在将来的新的马尔丁诺夫们的恐怖的号叫声中)民主专政的口号。

三 庸俗的资产阶级专政观和马克思的专政观

梅林出版了 1848 年马克思在《新莱茵报》上发表的论文集,他在论文集的说明中说,资产阶级书刊还对《新莱茵报》提出过如下指责,说它要求"立刻实行专政,以此作为实现民主的唯一手段"(《马克思遗著》第 3 卷第 53 页)[57]。从庸俗的资产阶级观点看来,专政和民主这两个概念是互相排斥的。资产者不懂阶级斗争的理论,看惯了政治舞台上各个资产阶级小集团之间的无谓争吵,认为专政就是废除一切自由和一切民主保障,就是恣意横行,就是滥用权力以谋专政者个人的利益。实质上,我们的马尔丁诺夫正表现了这种庸俗的资产阶级观点,他在新《火星报》上的那篇"新讨伐"文章的结语中说,《前进报》和《无产者报》所以偏爱专政这个口号,是因为列宁"很想碰碰运气"(《火星报》第103号第3版第2栏)。这个绝妙的解释完全可以和资产阶级指责《新莱茵报》鼓吹专政的说法相媲美。可见,马克思也被揭发为调换革命和专政的概念,——不过不是为社会民主党人所揭发,而是为资产阶级民主派所揭发! 为了向马尔丁诺夫说清阶级专政的概念和个人专政的区别,以及民主专政的任务和社会主义专政的任务的区别,谈一谈《新莱茵报》的观点也许不是无益的。

1848年9月14日的《新莱茵报》写道:"在革命之后,任何临时性的政局下都需要专政,并且是强有力的专政。我们一开始就指责康普豪森〈1848年3月18日以后的内阁首脑〉没有实行专政,指责他没有马上粉碎和清除旧制度的残余。正当康普豪森先生陶醉于立宪的幻想时,被打垮的党派〈即反动的党派〉已在官僚机构和军队中巩固他们的阵地,甚至敢于在各处展开公开的斗争。"①

梅林说得很对:这段话把《新莱茵报》在几篇长篇论文中所作的关于康普豪森内阁的详细论述归纳成扼要的几点。马克思的这段话告诉了我们些什么呢? 它告诉我们,临时革命政府**必须**实行专政(规避专政口号的《火星报》无论如何不能理解这一点);它告诉我们,这个专政的任务就是消灭旧制度的残余(我们上面已经说过,这恰恰是俄国社会民主工党第三次代表大会关于同反革命斗争的决议中所清楚地指出的,而且是代表会议的决议所忽略

---

① 见《马克思恩格斯选集》第3版第1卷第437页。——编者注

的)。最后,第三,从这段话中可以看出,马克思因为资产阶级民主派在革命和公开内战时期迷恋于"立宪的幻想"而痛斥了他们。从 1848 年 6 月 6 日《新莱茵报》的论文中可以特别明显地看出这段话的含义。马克思写道:"制宪国民议会首先应该是具有革命积极性的积极的议会。而法兰克福议会却像小学生做作业似的在议会制度上兜圈子,对各邦政府的行动听之任之。就算这个学术会议在极其周密的酝酿之后挖空心思炮制出最好的议事日程和最好的宪法吧。但是,如果各邦政府在这个时候已经把刺刀提到议事日程上来,那么,最好的议事日程和最好的宪法又有什么用呢?"①

专政这个口号的含义就是如此。由此可以看出,马克思会怎样对待那些把"决定召开立宪会议"叫做彻底胜利或者号召"始终如一地做一个持极端革命反对派态度的政党"的决议!

各国人民生活中的重大问题,只有用强力才能解决。反动阶级通常都是自己首先使用暴力,发动内战,"把刺刀提到议事日程上来",俄国专制制度就这样做过,而且从 1 月 9 日起在全国各地还继续不断地这样做。既然已经形成这样的局面,既然刺刀已经真正摆在政治日程上的首要地位,既然起义已经成了必要的和刻不容缓的事情,那么立宪幻想和像小学生做作业似的在议会制度上兜圈子,就只能起掩饰资产阶级出卖革命,掩饰资产阶级"退出"革命的作用。这时,真正革命的阶级所应当提出的正是专政的口号。

关于这个专政的任务的问题,马克思在《新莱茵报》上还写

---

①　参看《马克思恩格斯全集》中文第 1 版第 5 卷第 45 页。——编者注

道:"国民议会本来只需在各个地方用专政手段来抵御腐朽政府的反动干预,这样它就能在人民的舆论中赢得强大的力量,在这种力量面前所有的刺刀……都会碰得粉碎。……这个议会不去引导德国人民或者接受德国人民的引导,而是使人民对它感到厌倦。"①按马克思的意见,国民议会应当"消除德国现存制度中一切和人民专制的原则相抵触的东西",然后"巩固议会的革命基础,保护革命的成果即人民专制不受任何侵犯"②。

可见,马克思在 1848 年向革命政府或专政提出的任务,按内容来说,首先就是实行**民主**革命:抵御反革命势力,在事实上消除一切和人民专制相抵触的东西。这正好就是革命民主专政。

还有,按马克思的意见,当时有哪些阶级能够而且应当实现这个任务(把人民专制的原则真正贯彻到底,并打退反革命的袭击)呢?马克思说的是"人民"。但是我们知道,马克思一向都是无情地反对那些认为"人民"是一致的、认为人民内部没有阶级斗争的小资产阶级幻想。马克思在使用"人民"一语时,并没有用它来抹杀各个阶级之间的差别,而是用它来概括那些能够把革命进行到底的一定的成分。

在柏林无产阶级 3 月 18 日的胜利以后,——《新莱茵报》写道,——革命产生了两方面的结果:"一方面是人民有了武装,获得了结社的权利,实际上争得了人民专制;另一方面是保存了君主政体,成立了康普豪森—汉泽曼内阁,即代表大资产阶级的政府。这样,革命就有了两种必然会背道而驰的结果。人民胜利了;他们

---

① 参看《马克思恩格斯全集》中文第 1 版第 5 卷第 46 页。——编者注
② 同上,第 14 页。——编者注

获得了无疑是具有民主性质的自由，但是直接的统治权并没有转到他们的手中，而落入了大资产阶级的手中。总而言之，革命没有进行到底。人民让大资产者去组阁，而这些大资产者却邀请旧普鲁士的贵族、官僚与自己结盟，这就立即表明了他们的倾向。加入内阁的有阿尔宁、卡尼茨和什未林。

一开始就反对革命的大资产阶级由于害怕人民，即害怕工人和民主派资产阶级，同反动派订立了攻守同盟"（黑体是我们用的）。①

总之，要取得革命的彻底胜利，不仅"决定召开立宪会议"很不够，甚至真正召集立宪会议也还是很不够！甚至在武装斗争中得到局部的胜利（柏林工人 1848 年 3 月 18 日对军队的胜利）以后，革命也还可能"没有完成"，"没有进行到底"。革命是否进行到底，究竟取决于什么呢？取决于直接统治权究竟转到谁的手里：是转到彼特龙凯维奇和罗季切夫之流，即转到康普豪森和汉泽曼之流的手里，还是转到**人民**，即工人和民主派资产阶级的手里。在前一种场合下，资产阶级拥有政权，而无产阶级有"批评的自由"，有"始终如一地做一个持极端革命反对派态度的政党"的自由。革命一胜利，资产阶级立刻就会和反动势力结成联盟（譬如说，如果彼得堡的工人在和军队进行的巷战中仅仅获得局部的胜利，而让彼特龙凯维奇之流的先生们去成立政府，那么这种情形在俄国也是免不了要发生的）。在后一种场合下就有可能实现革命民主专政，即革命的完全胜利。

现在还需要更确切地断定，马克思拿来和工人合在一起统称

①　参看《马克思恩格斯全集》中文第 1 版第 5 卷第 72—73 页。——编者注

为人民而与大资产阶级相对立的那个"民主派资产阶级"（demo-kratische Bürgerschaft）究竟是指的什么？

对于这个问题，1848年7月29日《新莱茵报》一篇文章中的下面的话给了明白的回答："……1848年的德国革命只不过是对1789年法国革命的滑稽讽刺的模仿。

1789年8月4日，攻占巴士底狱后三个星期，法国人民在一天之内就取消了封建义务。

1848年7月11日，三月街垒战后四个月，封建义务就压在德国人民身上。Teste Gierke cum Hansemanno。①

1789年的法国资产阶级一刻也没有抛开自己的同盟者——农民。资产阶级知道：它的统治的基础就是消灭农村中的封建制度，就是形成一个自由的占有土地的（grundbesitzenden）农民阶级。

1848年的德国资产阶级毫无顾忌地出卖这些农民，出卖自己的天然的同盟者，可是农民与它骨肉相连，没有农民，它就无力反对贵族。

保存封建权利，在（虚幻的）赎买的幌子下批准这些权利，——这就是1848年德国革命的结果。真是雷声大雨点小。"②

这是些很有教益的话，这些话告诉我们四个重要的原理：

---

① "见证人就是吉尔克先生和汉泽曼先生。"汉泽曼是大资产阶级政党的阁员（相当于俄国的特鲁别茨科伊或罗季切夫等等）。吉尔克是汉泽曼内阁中的农业大臣，他拟定了一个"大胆的"草案，表面上似乎是要"无偿地""废除封建义务"，实际上只是废除一些无关紧要的小的义务，而把较重大的义务保存下来，或实行赎买。吉尔克先生很像俄国的卡布鲁柯夫、曼努伊洛夫、赫尔岑施坦一类与农夫为友的资产阶级自由派先生们，他们愿意"扩大农民占有的土地"，但是不愿意得罪地主。
② 参看《马克思恩格斯全集》中文第1版第5卷第331页。——编者注

(1)没有完成的德国革命和已经完成的法国革命的不同之处,就在于德国资产阶级不仅是背叛了民主主义,而且特别是背叛了农民。(2)完全实现民主革命的基础是形成一个自由的农民阶级。(3)形成这样一个阶级,就是废除封建义务,消灭封建制度,但这还决不是社会主义革命。(4)农民是资产阶级即民主派资产阶级的"天然的"同盟者,没有这种同盟者,资产阶级就"无力"反对反动势力。

只要根据具体的民族特点作相应的改变,只要把封建制度改成农奴制度,所有这些原理就完全适用于 1905 年的俄国了。毫无疑问,当我们从马克思所阐明的德国经验中吸取教训时,我们所能得出的保证革命彻底胜利的口号就只能是无产阶级和农民的革命民主专政。毫无疑问,马克思在 1848 年拿来和那些进行反抗的反动势力及叛变的资产阶级相对立的"人民",其主要组成部分就是无产阶级和农民。毫无疑问,在我们俄国,自由派资产阶级和解放派先生们也在背叛农民,而且将来还会背叛农民,就是说,他们会用假的改良来敷衍了事,会在地主和农民决战的时候站到地主方面去。只有无产阶级能够在这个斗争中彻底支持农民。最后,毫无疑问,在我们俄国,农民斗争的成功,即全部土地转归农民所有,也将意味着完全的民主革命,也是进行到底的革命的社会支柱,但决不是社会主义革命,也决不是小资产阶级思想家即社会革命党人所说的"社会化"。农民起义的成功,民主革命的胜利,只会为在民主共和制的基地上真正而坚决地进行争取社会主义的斗争扫清道路。农民是土地占有者阶级,他们在这个斗争中,也会像资产阶级现在在争取民主的斗争中一样地扮演叛卖的、不稳定的角色。忘记这一点就是忘记社会主义,就是在无产阶级的真正利益和任务问题上自欺欺人。

为了详尽地说明马克思在 1848 年的观点,必须指出当时德国社会民主党(或无产阶级的共产党,如果用当时的话说)和现代俄国社会民主党之间的一个本质的区别。我们听听梅林是怎样说的:

"《新莱茵报》是作为'民主派的机关报'出现在政治舞台上的。不能不看到贯穿在它的一切文章中的那条基本线索。但是它的直接目标,与其说是保护无产阶级的利益,反对资产阶级的利益,不如说是保护资产阶级革命的利益,反对专制制度和封建制度。在该报的各栏很少有专门讨论革命时期工人运动问题的材料,虽然不应当忘记,和它同时并存的还有每星期出版两次的莫尔和沙佩尔两人编辑的一个专门的科隆工人联合会机关报[58]。无论如何,很使当代读者注意的,是《新莱茵报》很少注意当时的德国工人运动,虽然当时德国工人运动中一位最能干的活动家斯蒂凡·波尔恩曾在巴黎和布鲁塞尔两地向马克思和恩格斯学习过,而且 1848 年还在柏林为他们的报纸写通讯。波尔恩在他的《回忆录》中说,马克思和恩格斯从来没有向他说过一句话,表示他们不赞同他在工人中进行的鼓动工作。可是,根据恩格斯后来的声明,可以推想,他们至少是不满意这种鼓动工作的方法。他们的不满是有根据的,因为波尔恩曾经不得不对德国大多数地区中还完全没有发展的无产阶级阶级意识作了许多让步,作了许多从《共产党宣言》的观点看来完全经不起批驳的让步。他们的不满又是没有根据的,因为波尔恩毕竟还是把他领导的鼓动工作保持在相当高的水平上……毫无疑问,马克思和恩格斯认为工人阶级的最重要的利益首先是尽量推进资产阶级革命,这从历史上看、从政治上看都是正确的……　虽然如此，但是有一件事实卓越地证明了工人运动的起码的本能能够纠正最天才的思想家的观念，这就是他们在 1849 年 4 月主张成立专门的工人组织，并且决定参加特别是由易北河以东（东普鲁士）的无产阶级准备召集的工人代表大会。"①

可见，只是在 1849 年 4 月，在革命报纸出版了几乎一年以后（《新莱茵报》是从 1848 年 6 月 1 日开始出版的），马克思和恩格斯才主张成立专门的工人组织！在此以前，他们只办了一个和独立工人政党在组织上没有任何联系的"民主派的机关报"！这件事实，这件从我们现在的观点看来是骇人听闻的和不可思议的事实，清楚地向我们表明，当时的德国社会民主工人政党和现在的俄国社会民主工人政党之间有多么大的差别。这件事实向我们表明，在德国民主革命中所显露出来的运动的无产阶级特征和无产阶级潮流要少得多（因为德国 1848 年在经济方面和在政治方面还落后——国家没有统一）。这在评价马克思当时和不久以后关于必须独立组织无产阶级政党的多次声明时，是不应当忘记的（例如普列汉诺夫就忘记了这一点②）。马克思只是根据民主革命的经验，几乎经过了一年才实际作出这个结论来，可见德国当时的整个气氛充满了多么浓厚的市侩性、小资产阶级性。对我们来说，这个结论是早就从国际社会民主运动半世纪的经验中得到的坚固的成果，而我们就是根据这个成果**开始**组织俄国社会民主工党的。例如，在我们这里根本谈不上无产阶级的革命报纸会站在无产阶

① 参看《马克思恩格斯全集》中文第 1 版第 6 卷第 509、697、698、703 — 704 页。——编者注
② 括号中的话在以前各版中都被略去了。——俄文版编者注

级的社会民主党之外，根本谈不上这种报纸哪怕有片刻会作为
"民主派的机关报"出现。

可是，在马克思和斯蒂凡·波尔恩之间刚刚开始显露出来的
那种对立，在我们这里却以成熟得多的形式存在着，而且我国革命
民主巨流中的无产阶级潮流愈是强大，这种对立就愈厉害。梅林
说马克思和恩格斯对斯蒂凡·波尔恩的鼓动工作可能不满时，话
说得太缓和，太闪烁其词了。请看恩格斯在 1885 年写的评论波尔
恩的一段话（引自《揭露科隆共产党人案件》1885 年苏黎世版
序言）：

共产主义者同盟[59]的盟员到处领导极端民主运动，这就证明
同盟是革命活动的最好的学校。"曾在布鲁塞尔和巴黎作为同盟
盟员积极活动的排字工人斯蒂凡·波尔恩，在柏林建立了'工人
兄弟会'（Arbeiterverbrüderung）[60]，这个组织有过很广泛的发展，
并且一直存在到 1850 年。波尔恩是一个有才能的青年，但是他有
些太急于要成为政治家，竟和各色各样的坏家伙（Kreti und
Plethi）'称兄道弟'，只图在自己周围纠合一群人。他完全不是一
个能统一各种矛盾意向，澄清混乱状况的人物。因此，他那个兄弟
会所发表的正式文件往往混乱不堪，竟把《共产主义宣言》①的观
点同行会习气和行会愿望、同路易·勃朗和蒲鲁东的观点的残屑
碎片、同拥护保护关税政策的立场等等混杂在一起；一句话，这些
人想讨好一切人（Allen alles sein）。**他们特别致力于组织罢工，组
织工会和生产合作社，却忘记了首要任务是通过政治上的胜利先
取得一个**唯一能够持久地实现这一切的**活动场所**〈黑体是我们用

---

① 即《共产党宣言》。——编者注

的〉。所以,当反动势力的胜利迫使这个兄弟会的首脑们感到必须直接参加革命斗争的时候,原先集合在他们周围的乌合之众就自然而然地离开了他们。波尔恩参加了 1849 年 5 月德累斯顿的起义[61],并幸免于难。但是,工人兄弟会则对无产阶级的伟大政治运动采取袖手旁观的态度,成为一个孤独自在的团体,在很大程度上只是徒有虚名,它的作用无足轻重,所以直到 1850 年反动派才觉得有必要取缔它,而它的分支则过了几年以后才被认为有必要取缔。真姓是布特尔米尔希①的波尔恩没有成为大政治家,而成了瑞士的一个小小的教授,他不再把马克思著作译成行会语言,而是把温情的勒南的作品译成甜腻的德语。"②

恩格斯就是这样评价社会民主党在民主革命中的两种策略的!

我们的新火星派也是狂热地追求"经济主义",甚至因为自己"省悟"而博得君主派资产阶级的赞扬。他们也是把各色各样的人纠合在自己周围,奉承"经济派",用"主动性"、"民主主义"

---

① 我在本书第 1 版中翻译恩格斯的这一段话时犯了一个错误,不是把 Buttermilch(酸牛奶。——编者注)一字看做专有名词,而是把它看成了普通名词。这个错误当然使孟什维克们极为高兴。柯尔佐夫写文章说我"加深了恩格斯"(该文曾转载在《两年来》文集中),普列汉诺夫现在还在《同志报》上提起这个错误[62],总而言之,他们找到一种**绝妙的借口来抹杀** 1848 年德国的**工人运动中有两种趋向存在的问题**,一种是波尔恩(我们的"经济派"的亲属)的趋向,另一种是马克思主义的趋向。利用论敌的错误——即使是关于波尔恩的姓氏问题的错误,本来是非常自然的事情。但是利用纠正译文的手段来抹杀有两种策略存在这一问题的本质,这就是害怕涉及争论的实质。(这是作者为 1907 年版加的注释。——编者注)

② 参看《马克思恩格斯选集》第 3 版第 4 卷第 210—211 页。——编者注

和"自治"等等口号来拉拢落后群众。他们的工会也是往往只存在于他们那个赫列斯塔科夫[63]式的新《火星报》上。他们的口号和决议暴露出他们同样不了解"无产阶级伟大政治运动"的任务。

1905 年 7 月由俄国社会民主工党中央委员会在日内瓦印成单行本

选自《列宁全集》中文第 2 版增订版第 11 卷第 1—124 页

附　录

《社会民主党在民主革命中的两种策略》一书补充说明的提纲⁶⁴

（1905 年 6 月 21 日〔7 月 4 日〕以后）

补充一节：

《再论解放派，再论新火星派》。

或《革命和专政》

《革命的概念和专政的口号》。

（1）新材料：《解放》杂志第 71—72 期和《火星报》第 102—103 号。

（2）自由派的"现实主义"和社会民主党的现实主义。（第 102 号）

司徒卢威的称赞 大受司徒卢威先生的夸奖。

我们就要出版恩格斯的小册子。⁶⁵

（补2）马尔丁诺夫的遁词是不严肃的…… 没有攻击第三次代表大会的决议。

（3）"〈列宁〉调换革命和专政的概念"（第 102 号第 3 版第 2 栏）。

（4）司徒卢威在第 72 期上论革命（"革命应当变为政府"）。

（5）司徒卢威的落后性：希波夫主义——宪法——革命

民主专政？？

我们是社会主义专政。

137

（6）马尔丁诺夫总是不明白解放派的口号和我们的口号之间的区
　　别…… 不会领导革命和**依靠**（或：按照）专政这一口号把革
　　命引向前进。

（7）马克思和恩格斯在 1848 年论"**专政**"。革命政府和专政。
　　庸俗的专政概念和马克思。

一、自由派的现实主义者为什么称赞社会民主党内的"现实主
　　义者"？

二、马尔丁诺夫同志又来"加深问题"了。

三、庸俗的专政观和马克思主义的专政观。

载于 1926 年《列宁文集》俄文版　　　　选自《列宁全集》中文第 2 版增订版
第 5 卷　　　　　　　　　　　　　　　第 11 卷第 393—394 页

注　　释

1 "波将金公爵"号装甲舰的起义发生于 1905 年 6—7 月间。黑海舰队社会民主党组织中央委员会原准备在 1905 年秋天发动舰队所有舰只同时起义,但是"波将金"号在单独出航进行射击演习期间于 1905 年 6 月 14 日(27 日)过早地自发举行了起义。起义的导火线是该舰指挥官下令将带头拒绝吃用臭肉做的菜汤的水兵枪决。在起义中,水兵们杀死了最可恨的军官,但起义领导人、布尔什维克格·尼·瓦库连丘克在搏斗中牺牲。水兵们选出了以阿·尼·马秋申科为首的军舰委员会。6 月 14 日晚,"波将金"号悬挂红旗驶到正在举行总罢工的敖德萨。但是敖德萨社民主党组织联络委员会未能说服"波将金"号的船员们登岸来武装工人并与工人共同行动。该舰船员们只在 6 月 15 日(28 日)向市当局和军队所在地区开了两炮。6 月 17 日(30 日),沙皇政府派来两支舰队,企图迫使"波将金"号投降,或将其击沉,但是这些军舰不肯向"波将金"号开火,而且其中的"常胜者乔治"号还转到革命方面来。6 月 18 日(7 月 1 日),"常胜者乔治"号上的一些军士级技术员叛变,将该舰交给了政府当局。当晚,士气沮丧的"波将金"号偕同所属的第 267 号雷击舰离开敖德萨驶往罗马尼亚的康斯坦察。6 月 20 日(7 月 3 日),"波将金"号军舰委员会在那里发表了《告文明世界书》和《告欧洲各国书》,表明他们反对沙皇制度的决心。6 月 22 日(7 月 5 日),"波将金"号曾驶到费奥多西亚。由于始终得不到煤和食品的补给,水兵们被迫于 6 月 25 日(7 月 8 日)在康斯坦察把军舰交给了罗马尼亚当局。与此同时,"普鲁特"号教练舰于 6 月 19 日(7 月 2 日)为支持"波将金"号举行起义,选出了以布尔什维克 A.M.彼得罗夫为首的军舰委员会。该舰立即开往敖德萨,但由于"波将金"号已经离开那里而未能与它会合。

139

6月20日(7月3日),没有武器装备的"普鲁特"号被沙皇政府两艘雷击舰扣押。起义的水兵们遭到了沙皇政府的残酷镇压。

俄国社会民主工党中央委员会非常重视"波将金"号的起义。列宁曾委托米·伊·瓦西里耶夫-尤任前往领导起义,但他没有及时赶到。——3。

2 《无产者报》(《Пролетарий》)是布尔什维克的秘密报纸,是根据党的第三次代表大会决定创办的俄国社会民主工党中央机关报(周报)。1905年5月14日(27日)—11月12日(25日)在日内瓦出版,共出了26号。根据1905年4月27日(5月10日)党的中央全会的决定,列宁被任命为该报的责任编辑,编委会的委员有瓦·瓦·沃罗夫斯基、阿·瓦·卢那察尔斯基和米·斯·奥里明斯基。参加编辑工作的有:娜·康·克鲁普斯卡娅、维·米·韦利奇金娜、维·阿·卡尔宾斯基、尼·费·纳西莫维奇、伊·阿·泰奥多罗维奇、莉·亚·福季耶娃等。弗·德·邦契-布鲁耶维奇、谢·伊·古谢夫、安·伊·乌里扬诺娃-叶利扎罗娃负责为编辑部收集地方通讯稿。克鲁普斯卡娅和福季耶娃负责编辑部同地方组织和读者的通信联系。该报继续执行《火星报》的路线,并保持同《前进报》的继承关系。《无产者报》发表了大约90篇列宁的文章和短评,印发了俄国社会民主工党第三次代表大会的材料。该报的发行量达1万份。1905年11月初列宁回俄国后不久停刊,报纸的最后两号是沃罗夫斯基编辑的。——3。

3 社会革命党是俄国最大的小资产阶级政党。该党是1901年底—1902年初由南方社会革命党、社会革命党人联合会、老民意党人小组、社会主义土地同盟等民粹派团体联合而成的。成立时的领导人有马·安·纳坦松、叶·康·布列什柯-布列什柯夫斯卡娅、尼·谢·鲁萨诺夫、维·米·切尔诺夫、米·拉·郭茨、格·安·格尔舒尼等,正式机关报是《革命俄国报》(1901—1904年)和《俄国革命通报》杂志(1901—1905年)。社会革命党人的理论观点是民粹主义和修正主义思想的折中混合物。他们否认无产阶级和农民之间的阶级差别,抹杀农民内部的矛盾,否认无产阶级在资产阶级民主革命中的领导作用。在土地问题上,社会革命党人主张消灭土地私有制,按照平均使用原则将土地交村社支配,发展各种合作社。在策略方面,社会革命党人采用了社会民主党人进行群众性鼓动的方法,但主要斗争方法还是搞个人恐怖。为了进行恐怖活动,该党建立了事实上脱离该党中央的秘密战斗组织。

在 1905—1907 年俄国第一次革命中,社会革命党曾在农村开展焚烧地主庄园、夺取地主财产的所谓"土地恐怖"运动,并同其他政党一起参加武装起义和游击战,但也曾同资产阶级的解放社签订协议。在国家杜马中,该党动摇于社会民主党和立宪民主党之间。该党内部的不统一造成了 1906 年的分裂,其右翼和极左翼分别组成了人民社会党和最高纲领派社会革命党人联合会。在斯托雷平反动时期,社会革命党经历了思想上、组织上的严重危机。在第一次世界大战期间,社会革命党的大多数领导人采取了社会沙文主义的立场。1917 年二月革命后,社会革命党中央实行妥协主义和阶级调和的政策,党的领导人亚·费·克伦斯基、尼·德·阿夫克森齐耶夫、切尔诺夫等参加了资产阶级临时政府。七月事变时期该党公开转向资产阶级方面。社会革命党中央的妥协政策造成党的分裂,左翼于 1917 年 12 月组成了一个独立政党——左派社会革命党。十月革命后,社会革命党人(右派和中派)公开进行反苏维埃的活动,在国内战争时期进行反对苏维埃政权的武装斗争,对共产党和苏维埃政权的领导人实行个人恐怖。内战结束后,他们在"没有共产党人参加的苏维埃"的口号下组织了一系列叛乱。1922 年,社会革命党彻底瓦解。——4。

4　《解放》杂志(《Освобождение》)是俄国自由派资产阶级反对派的机关刊物(双周刊),1902 年 6 月 18 日(7 月 1 日)—1905 年 10 月 5 日(18 日)先后在斯图加特和巴黎出版,共出了 79 期。编辑是彼·伯·司徒卢威。该杂志反映资产阶级的立宪和民主要求,在资产阶级知识分子和地方自治人士中影响很大。1903 年至 1904 年 1 月,该杂志筹备成立了俄国资产阶级自由派的秘密组织解放社。解放派和立宪派地方自治人士一起构成了 1905 年 10 月成立的立宪民主党的核心。——5。

5　俄国社会民主工党第三次代表大会于 1905 年 4 月 12—27 日(4 月 25 日—5 月 10 日)在伦敦举行。这次代表大会是布尔什维克筹备的,是在列宁领导下进行的。孟什维克拒绝参加代表大会,而在日内瓦召开了他们的代表会议。

出席代表大会的有 38 名代表,其中有表决权的代表 24 名,有发言

权的代表 14 名。出席大会的有表决权的代表分别代表 21 个俄国社会
民主工党的地方委员会、中央委员会和党总委员会（参加党总委员会的
中央委员会代表）。列宁作为敖德萨委员会的代表出席代表大会,当选
为代表大会主席。

代表大会审议了正在俄国展开的革命的根本问题,确定了无产阶级
及其政党的任务。代表大会讨论了下列问题:组织委员会的报告;武装起
义;在革命前夕对政府政策的态度;关于临时革命政府;对农民运动的态
度;党章;对俄国社会民主工党分裂出去的部分的态度;对各民族社会民
主党组织的态度;对自由派的态度;同社会革命党人的实际协议;宣传和
鼓动;中央委员会的和各地方委员会代表的工作报告等。列宁就大会
讨论的所有主要问题拟了决议草案,在大会上作了关于社会民主党参
加临时革命政府的报告和关于支持农民运动的决议的报告,并就武装
起义、在革命前夕对政府政策的态度、社会民主党组织内工人和知识分
子的关系、党章、关于中央委员会活动的报告等问题作了发言。

代表大会制定了党在资产阶级民主革命中的战略计划,这就是:要
孤立资产阶级,使无产阶级同农民结成联盟,成为革命的领袖和领导
者,为争取革命胜利——推翻专制制度、建立民主共和国、消灭农奴制
的一切残余——而斗争。从这一战略计划出发,代表大会规定了党的
策略路线。大会提出组织武装起义作为党的主要的和刻不容缓的任
务。大会指出,在人民武装起义取得胜利后,必须建立临时革命政府来
镇压反革命分子的反抗,实现俄国社会民主工党的最低纲领,为向社会
主义革命过渡准备条件。

代表大会重新审查了党章,通过了列宁提出的关于党员资格的党
章第 1 条条文,取消了党内两个中央机关（中央委员会和中央机关报）
的制度,建立了党的统一的领导中心——中央委员会,明确规定了中央
委员会的权力和它同地方委员会的关系。

代表大会谴责了孟什维克的行为和他们在组织问题和策略问题上
的机会主义。鉴于《火星报》已落入孟什维克之手并执行机会主义路
线,俄国社会民主工党第三次代表大会委托中央委员会创办新的中央
机关报——《无产者报》。代表大会选出了以列宁为首的中央委员会,
参加中央委员会的还有亚·亚·波格丹诺夫、列·波·克拉辛、德·
西·波斯托洛夫斯基和阿·伊·李可夫。

俄国社会民主工党第三次代表大会是第一次布尔什维克代表大会,它用争取民主革命胜利的战斗纲领武装了党和工人阶级。列宁在《第三次代表大会》一文(见《列宁全集》中文第 2 版增订版第 10 卷)中论述了这次代表大会的工作及其意义。——5。

6 指孟什维克日内瓦代表会议。

孟什维克日内瓦代表会议与俄国社会民主工党第三次代表大会同时于 1905 年 4 月举行。由于参加的人数很少(只有 9 个委员会的代表出席),孟什维克宣布自己的这次会议为党的工作者代表会议。代表会议就武装起义、农民中的工作、夺取政权和参加临时政府、对其他革命党派和反对派的态度等问题通过了决议。

除了在本书外,列宁还在《倒退的第三步》和《〈工人论党内分裂〉一书序言》(见《列宁全集》中文第 2 版增订版第 10 卷和第 11 卷)等著作中揭露了日内瓦代表会议决议的机会主义性质,并对这些决议作了非常有力的批判。——6。

7 《火星报》(«Искра»)是第一个全俄马克思主义的秘密报纸,由列宁创办。创刊号于 1900 年 12 月在莱比锡出版,以后各号的出版地点是慕尼黑、伦敦(1902 年 7 月起)和日内瓦(1903 年春起)。参加《火星报》编辑部的有:列宁、格·瓦·普列汉诺夫、尔·马尔托夫、亚·尼·波特列索夫、帕·波·阿克雪里罗得和维·伊·查苏利奇。编辑部的秘书起初是因·格·斯米多维奇,1901 年 4 月起由娜·康·克鲁普斯卡娅担任。列宁实际上是《火星报》的主编和领导者。他在《火星报》上发表了许多文章,阐述有关党的建设和俄国无产阶级的阶级斗争的基本问题,并评论国际生活中的重大事件。

《火星报》在国外出版后,秘密运往俄国翻印和传播。《火星报》成了团结党的力量、聚集和培养党的干部的中心。在俄国许多城市成立了俄国社会民主工党列宁火星派的小组和委员会。1902 年 1 月在萨马拉举行了火星派代表大会,建立了《火星报》俄国组织常设局。

《火星报》在建立俄国马克思主义政党方面起了重大的作用。在列宁的倡议和亲自参加下,《火星报》编辑部制定了党纲草案,筹备了俄国社会民主工党第二次代表大会。这次代表大会宣布《火星报》为党的中央机关报。

根据俄国社会民主工党第二次代表大会的决议,《火星报》编辑部改由列宁、普列汉诺夫、马尔托夫三人组成。但是马尔托夫坚持保留原来的六人编辑部,拒绝参加新的编辑部,因此《火星报》第 46—51 号是由列宁和普列汉诺夫二人编辑的。后来普列汉诺夫转到了孟什维主义的立场上,要求把原来的编辑都吸收进编辑部,列宁不同意这样做,于1903 年 10 月 19 日(11 月 1 日)退出了编辑部。《火星报》第 52 号是由普列汉诺夫一人编辑的。1903 年 11 月 13 日(26 日),普列汉诺夫把原来的编辑全部增补进编辑部以后,《火星报》由普列汉诺夫、马尔托夫、阿克雪里罗得、查苏利奇和波特列索夫编辑。因此,从第 52 号起,《火星报》变成了孟什维克的机关报。人们将第 52 号以前的《火星报》称为旧《火星报》,而把孟什维克的《火星报》称为新《火星报》。

1905 年 5 月第 100 号以后,普列汉诺夫退出了编辑部。《火星报》于 1905 年 10 月停刊,最后一号是第 112 号。——6。

8 布里根委员会是根据沙皇 1905 年 2 月 18 日(3 月 3 日)诏令设立的特别会议,由内务大臣亚·格·布里根任主席。参加会议的有大地主和贵族的代表。会议的任务是拟定召开国家杜马的法令,而在沙皇的这个诏令和同诏令一起颁布的沙皇诏书中都提出了完全保存现行法令和竭尽全力巩固沙皇专制制度的任务。布里根委员会拟定的法令经大臣会议审议后,由沙皇亲自主持的在彼得戈夫举行的会议最后批准。1905 年 8 月 6 日(19 日)颁布了沙皇的诏书,以及《关于建立国家杜马的法令》和《国家杜马选举条例》。按照法令和条例,多数居民,包括工人、妇女、军人、学生等,没有选举权;杜马只能作为沙皇属下的咨议性机构讨论某些问题,无权通过任何法律。列宁写道,布里根杜马"是对'人民代表机关'的最无耻的嘲弄"(见《列宁全集》中文第 2 版增订版第 11 卷第 175 页)。

布尔什维克号召工人和农民积极抵制布里根杜马,大力宣传下列口号:武装起义、革命军队、临时革命政府。孟什维克则主张在杜马选举中同自由派资产阶级合作。布里根杜马的选举没有进行。1905 年十月全俄政治罢工迫使沙皇颁布 10 月 17 日宣言,保证召开立法杜马。这样,布里根杜马没有召开就被革命风暴扫除了。——8。

9 指筹建中的立宪民主党。

　　立宪民主党(正式名称为人民自由党)是俄国自由主义君主派资产
阶级的主要政党,1905 年 10 月成立。中央委员中多数是资产阶级知识
分子、地方自治人士和自由派地主。主要活动家有帕·尼·米留可夫、
谢·安·穆罗姆采夫、瓦·阿·马克拉柯夫、安·伊·盛加略夫、彼·
伯·司徒卢威、约·弗·盖森等。立宪民主党提出一条与革命道路相
对抗的和平的宪政发展道路,主张俄国实行立宪君主制和资产阶级的
自由。在土地问题上,主张将国家、皇室、皇族和寺院的土地分给无地
和少地的农民;私有土地部分地转让,并且按“公平”价格给予补偿;解
决土地问题的土地委员会由同等数量的地主和农民组成,并由官员充
当他们之间的调解人。1906 年春,曾同政府进行参加内阁的秘密谈判,
后来在国家杜马中自命为“负责任的反对派”。第一次世界大战期间,
支持沙皇政府的掠夺政策,曾同十月党等反动政党组成“进步同盟”,要
求成立责任内阁,即为资产阶级和地主所信任的政府,力图阻止革命并
把战争进行到最后胜利。二月革命后,立宪民主党在资产阶级临时政
府中居于领导地位,竭力阻挠土地问题、民族问题等基本问题的解决,
并奉行继续帝国主义战争的政策。七月事变后,支持科尔尼洛夫叛乱,
阴谋建立军事独裁。十月革命胜利后,苏维埃政府于 1917 年 11 月 28
日(12 月 11 日)宣布立宪民主党为“人民公敌的党”。该党随之转入地
下,继续进行反革命活动,并参与白卫将军的武装叛乱。国内战争结束
后,该党上层分子大多数逃亡国外。1921 年 5 月,该党在巴黎召开代表
大会时分裂,作为统一的党不复存在。——8。

10　解放派是俄国自由派资产阶级反对派,因其主要代表资产阶级知识分
　　子和地方自治自由派人士于 1902 年 6 月创办《解放》杂志而得名。解
　　放派以《解放》杂志为基础,于 1904 年 1 月在彼得堡成立解放社,领导
　　人是伊·伊·彼特龙凯维奇和尼·费·安年斯基。解放社的纲领包括
　　实行立宪君主制和普选制,保护“劳动群众利益”和承认各民族的自决
　　权。1905 年革命开始后,它又要求将一部分土地强制转让并分给少地
　　农民、实行八小时工作制,并主张参加布里根杜马选举。1905 年 10 月
　　立宪民主党成立以后,解放社停止活动。解放社的左翼没有加入立宪
　　民主党,另外组成了伯恩施坦主义的无题派。——8。

11　米勒兰主义是社会党人参加资产阶级政府的一种机会主义策略,因法

国社会党人亚·埃·米勒兰于 1899 年参加瓦尔德克-卢梭的资产阶级
政府而得名。1900 年 9 月 23—27 日在巴黎举行的第二国际第五次代
表大会讨论了米勒兰主义问题。大会通过了卡·考茨基提出的调和主
义决议。这个决议虽谴责社会党人参加资产阶级政府，但却认为在"非
常"情况下可以这样做。法国社会党人和其他国家的社会党人就利用
这项附带条件为他们在第一次世界大战期间参加帝国主义资产阶级政
府的行为辩护。列宁认为米勒兰主义是一种修正主义和叛卖行为，社
会改良主义者参加资产阶级政府必定会充当资本家的傀儡，成为这个
政府欺骗群众的工具。——17。

12　1 月 9 日事件指 1905 年 1 月 9 日沙皇大规模枪杀彼得堡和平请愿工人
的事件，史称"流血星期日"。1905 年 1 月 3 日（16 日），彼得堡普梯洛
夫工厂爆发了罢工，1 月 7 日（20 日）罢工发展成全市总罢工。与俄国
保安机关有联系的格·阿·加邦神父怀着挑衅的目的，建议工人列队
前往冬宫向沙皇呈递请愿书。在讨论请愿书的工人集会上，布尔什维
克进行解释工作，指出无产阶级只有进行革命斗争才能争得自己的权
利。但工人对沙皇的信仰还很牢固，因此和平请愿未能被阻止。在这
种情况下，布尔什维克通过了参加游行示威的决议。沙皇政府从外地
调集 4 万名士兵和警察加强彼得堡的卫戍部队，并于 1 月 8 日（21 日）
批准了驱散请愿队伍的计划。1 月 9 日（22 日），14 万工人手执圣像和
沙皇像向宫廷广场进发。根据彼得堡总督弗拉基米尔·亚历山德罗维
奇大公的命令，军队对手无寸铁的工人和他们的妻子儿女开枪，结果有
1 000 多人被打死，2 000 多人受伤。沙皇的暴行引起了工人的极大愤
怒，当天，彼得堡街头就出现了街垒，工人同军警发生了武装冲突。1 月
9 日成了 1905—1907 年俄国第一次革命的起点。——20。

13　法兰克福议会是德国 1848 年三月革命以后召开的全德国民议会，1848
年 5 月 18 日在美因河畔法兰克福正式开幕。法兰克福议会的选举由各
邦自行办理，代表中资产阶级自由派占多数。由于自由派的怯懦和动
摇以及小资产阶级左派的不坚定和不彻底，法兰克福议会害怕接管国
家的最高权力，没有成为真正统一德国的机构，最后变成了一个没有实
际权力，只能导致群众离开革命斗争的纯粹的争论俱乐部。直至 1849
年 3 月 27 日，议会才通过了帝国宪法，而这时反动势力已在奥地利和普

鲁士得胜。法兰克福议会制定的宪法尽管很保守,但毕竟主张德国统一,有些自由主义气味,因此普鲁士、奥地利、巴伐利亚等邦纷纷宣布予以拒绝,并从议会召回自己的代表。留在议会里的小资产阶级左派不敢领导已经兴起的人民群众保卫宪法的斗争,于 1849 年 5 月 30 日把法兰克福议会迁至持中立立场的符腾堡的斯图加特。6 月 18 日,法兰克福议会被符腾堡军队解散。——20。

14　《新莱茵报》(《Neue Rheinische Zeitung》)是德国和欧洲革命民主派中无产阶级一翼的日报,1848 年 6 月 1 日—1849 年 5 月 19 日在科隆出版。马克思任该报的主编,编辑部成员恩格斯、恩·德朗克、斐·沃尔弗、威·沃尔弗、格·维尔特、斐·弗莱里格拉特、亨·毕尔格尔斯等都是共产主义者同盟的盟员。报纸编辑部作为无产阶级革命运动的领导核心,实际履行了共产主义者同盟中央委员会的职责。该报揭露反动的封建君主派和资产阶级反革命势力,主张彻底解决资产阶级民主革命的任务和用民主共和国的形式统一德国。该报创刊不久,就遭到反动报纸的围攻和政府的迫害,1848 年 9—10 月间曾一度停刊。1849 年 5 月,普鲁士政府借口马克思没有普鲁士国籍而把他驱逐出境,并对其他编辑进行迫害,该报于 5 月 19 日被迫停刊。

　　马克思和恩格斯发表在《新莱茵报》上的文章,参看《马克思恩格斯全集》中文第 1 版第 5 卷和第 6 卷。——20。

15　经济派是 19 世纪末—20 世纪初俄国社会民主党内的机会主义派别,是国际机会主义的俄国变种。其代表人物是康·米·塔赫塔廖夫、谢·尼·普罗柯波维奇、叶·德·库斯柯娃、波·尼·克里切夫斯基、亚·萨·皮凯尔(亚·马尔丁诺夫)、弗·彼·马赫诺韦茨(阿基莫夫)等,经济派的主要报刊是《工人思想报》(1897—1902 年)和《工人事业》杂志(1899—1902 年)。

　　经济派主张工人阶级只进行争取提高工资、改善劳动条件等等的经济斗争,认为政治斗争是自由派资产阶级的事情。他们否认工人阶级政党的领导作用,崇拜工人运动的自发性,否定向工人运动灌输社会主义意识的必要性,维护分散的和手工业的小组活动方式,反对建立集中的工人阶级政党。经济主义有诱使工人阶级离开革命道路而沦为资产阶级政治附庸的危险。

列宁对经济派进行了始终不渝的斗争。他在《俄国社会民主党人抗议书》(见《列宁全集》中文第 2 版增订版第 4 卷)中尖锐地批判了经济派的纲领。列宁的《火星报》在同经济主义的斗争中发挥了重大作用。列宁的《怎么办?》一书(见《列宁全集》中文第 2 版增订版第 6 卷),从思想上彻底地粉碎了经济主义。——22。

16　《社会民主党人报》是格鲁吉亚孟什维克的报纸,1905 年 4 月 7 日(20 日)—11 月 13 日(26 日)在梯弗利斯用格鲁吉亚文出版,共出了 6 号。该报创刊号是作为俄国社会民主工党梯弗利斯委员会机关报出版的,后来该报自称为"高加索社会民主工人组织机关报"。该报由格鲁吉亚孟什维克首领诺·尼·饶尔丹尼亚领导。该报创刊号上刊登的《国民代表会议和我们的策略》一文是饶尔丹尼亚写的。——22。

17　黑帮是指 1905—1907 年沙皇俄国警察当局和一些君主派团体为镇压革命运动、杀害进步人士和制造反犹太人暴行而建立的武装暴徒组织。黑帮队伍的主要来源是小资产阶级的反动阶层、店铺老板、无业游民以及刑事犯罪分子等等。为了同黑帮作斗争,革命工人在布尔什维克党的领导下组织了战斗队、自卫队等。

　　在 1905—1917 年间,黑帮一词也泛指沙皇俄国反动的君主派团体如俄罗斯人民同盟、米迦勒天使长同盟以及极右的党派和组织。在 1917 年二月资产阶级民主革命进程中,黑帮组织正式被取缔。黑帮这一名称变成了对极其反动的流派和组织评价的普通名词。——23。

18　"希波夫式的"宪法是指温和自由派分子、地方自治运动活动家右翼领袖德·尼·希波夫制定的国家制度方案。希波夫力图既限制革命规模,又从沙皇政府方面取得某些有利于地方自治机关的让步,因而建议建立附属于沙皇的咨议性代表机关。温和自由派想以此蒙骗人民群众,保存君主制度,并使自己获得某些政治权利。——24。

19　合法马克思主义即司徒卢威主义,是 19 世纪 90 年代出现在俄国自由派知识分子中的一种思想政治流派,主要代表人物是彼·伯·司徒卢威。合法马克思主义利用马克思经济学说中能为资产阶级所接受的个别论点为俄国资本主义的发展作论证。在批判小生产的维护者民粹派的同时,司徒卢威赞美资本主义,号召人们"承认自己的不文明并向资本主义学习",而抹杀资本主义的阶级矛盾。合法马克思主义者起初是社会民主党的暂时同路人,后来彻底转向资产阶级自由主义。到1900年《火星报》出版时,合法马克思主义作为思想流派已不再存在。——27。

20 《俄国旧事》杂志(《Русская Старина》)是俄国历史刊物(月刊),由米·伊·谢美夫斯基创办,1870—1918年在彼得堡出版。该杂志主要登载俄国国务活动家和文化界人士的回忆录、日记、札记、函件等以及各种文献资料。它是俄国第一家长期刊登俄国革命运动史料的杂志。——30。

21 《俄罗斯新闻》(《Русские Ведомости》)是俄国报纸,1863—1918年在莫斯科出版。它反映自由派地主和资产阶级的观点,主张在俄国实行君主立宪,撰稿人是一些自由派教授。至19世纪70年代中期成为俄国影响最大的报纸之一。80—90年代刊登民主主义作家和民粹主义者的文章。1898年和1901年曾经停刊。从1905年起成为右翼立宪民主党人的机关报。1917年二月革命后支持资产阶级临时政府。十月革命后被查封。

　　《祖国之子报》(《Сын Отечества》)是俄国自由派的报纸(日报),1904年11月18日(12月1日)起在彼得堡出版。为该报经常撰稿的有解放派分子和形形色色的民粹派分子。1905年11月15日(28日)起,该报成为社会革命党的机关报。同年12月2日(15日)被查封。

　　《我们的生活报》(《Наша Жизнь》)是俄国自由派的报纸(日报),多数撰稿人属于解放社的左翼。1904年11月6日(19日)—1906年7月11日(24日)断断续续地在彼得堡出版。

　　《现代报》(《Наши Дни》)是俄国自由派的报纸(日报),1904年12月18日(31日)—1905年2月5日(18日)在彼得堡出版。1905年12月7日(20日)曾复刊,只出了两号。——40。

22 套中人是俄国作家安·巴·契诃夫的同名小说的主人公别利科夫的绰号。此人对一切变动担惊害怕,忧心忡忡,一天到晚总想用一个套子把自己严严实实地包起来。后喻为因循守旧、害怕变革的典型。——41。

23 雅各宾派和下面说的吉伦特派是 18 世纪末法国资产阶级革命时期的两个政治派别。

雅各宾派又称山岳派,是法国国民公会中的左翼民主主义集团,以其席位在会场的最高处而得名。该派代表中小资产阶级的利益,主张铲除专制制度和封建主义,其领袖是马·罗伯斯比尔、让·保·马拉、若·雅·丹东、安·路·圣茹斯特等。

吉伦特派代表共和派的大工商业资产阶级和农业资产阶级的利益,主要是外省资产阶级的利益。该派许多领导人在立法议会和国民公会中代表吉伦特省,因此而得名。吉伦特派的领袖是雅·皮·布里索、皮·维·维尼奥、罗兰夫妇、让·安·孔多塞等。该派主张各省自治,成立联邦。吉伦特派动摇于革命和反革命之间,走同王党勾结的道路。

列宁称革命的社会民主党人为山岳派,即无产阶级的雅各宾派,而把社会民主党内的机会主义派别称为社会民主党的吉伦特派。在俄国社会民主工党分裂为布尔什维克和孟什维克之后,列宁经常强调指出,孟什维克是工人运动中的吉伦特派。——47。

24 指 1905 年 6 月 6 日(19 日)尼古拉二世接见地方自治人士代表团一事。这个代表团是由 1905 年 5 月 24—25 日(6 月 6—7 日)在莫斯科举行的有贵族代表参加的地方自治局和市杜马的代表会议选出的。代表团向沙皇递交了请愿书,要求召集人民代表会议以便在沙皇的允诺下建立"革新的国家制度"。请愿书既未包括要求普遍、直接、平等和无记名投票的选举权,也避而不提保证选举自由。列宁对这件事的评论,见《资产阶级背叛的头几步》和《戴白手套的"革命家"》两文(《列宁全集》中文第 2 版增订版第 10 卷)。——47。

25 指亚·尼·波特列索夫(斯塔罗韦尔)在俄国社会民主工党第二次代表大会上提出并为大会所通过的关于对自由派态度的决议。列宁在《工人民主派和资产阶级民主派》一文(见《列宁全集》中文第 2 版增订版第 9 卷)中也批评过这个决议。——49。

26 指日俄战争期间于 1905 年 5 月 14—15 日(27—28 日)在对马岛附近进行的一次大海战。这次海战的结果是俄国第 2 和第 3 太平洋舰队被歼灭,俄国在整个战争中的失败完全成为定局。——51。

27　石蕊试纸是用石蕊溶液浸过的纸条,可以根据它置入某种溶液后颜色的改变来鉴定该溶液的酸碱性。列宁在这里指的是亚·尼·波特列索夫(斯塔罗韦尔)的所谓石蕊试纸理论。波特列索夫在发表于1904年11月20日(12月3日)《火星报》第78号的《我们的厄运》一文中把普遍、平等、直接和无记名投票的选举权比喻为石蕊试纸,认为可以用它来鉴定某个反对派集团是否属于无产阶级应予支持的民主派。列宁对他的这一观点多次进行了批评,指出:"这种理论幼稚已极,只会在无产阶级中间造成混乱,腐蚀无产阶级。"(见《列宁全集》中文第2版增订版第11卷第195页)——54。

28　议会迷是列宁著作中多次出现过的一个词,其德文原文是parlamenta-rischer Kretinisms,直译为"议会克汀病"。马克思和恩格斯在1848—1849年革命时期首先使用这个术语批评法兰克福国民议会中的小资产阶级民主派领袖,后来他们用这个术语泛指欧洲大陆醉心于议会制度的资产阶级代表人物。列宁用"议会迷"来形容那种认为议会制度是万能的、议会活动在任何条件下都是政治斗争唯一的主要的形式的机会主义者。——55。

29　据《列宁全集》俄文第5版编者注:在列宁的手稿上,下面还有一句被勾掉的话:"'强迫选举'——'用革命手段'！竟有这样的革命的列彼季洛夫精神！"

　　　　列彼季洛夫精神意为空口说白话。列彼季洛夫是俄国作家亚·谢·格里鲍耶陀夫的喜剧《智慧的痛苦》中的一个丑角。他经常胡说八道,夸夸其谈,尽说些不着边际的空话。——55。

30　指1895年10月6—12日在布雷斯劳举行的德国社会民主党代表大会讨论该党土地纲领草案时发生的意见分歧。土地纲领草案存在着严重的错误,特别是其中有把无产阶级政党变为"全民党"的倾向。除机会主义分子外,奥·倍倍尔和威·李卜克内西也拥护这个草案。在代表大会上,土地纲领草案受到卡·考茨基、克·蔡特金和其他许多社会民主党人的严厉批判。代表大会以158票对63票否决了委员会提出的土地纲领草案。——57。

31　列宁在这里说的"庸俗的革命主义叫喊'冲锋'"是指1901年6月《〈工人事业〉杂志附刊》第6期上刊登的《历史性的转变》一文。

　　　　《工人事业》杂志(《Рабочее Дело》)是俄国经济派的不定期杂志，国外俄国社会民主党人联合会的机关刊物，1899年4月—1902年2月在日内瓦出版，共出了12期(9册)。该杂志的编辑部设在巴黎，担任编辑的有波·尼·克里切夫斯基、帕·费·捷普洛夫、弗·巴·伊万申和亚·萨·马尔丁诺夫。该杂志支持所谓"批评自由"这一伯恩施坦主义口号，在俄国社会民主党的策略和组织问题上持机会主义立场。聚集在《工人事业》杂志周围的经济主义的拥护者形成工人事业派。工人事业派宣扬无产阶级政治斗争应服从经济斗争的机会主义思想，崇拜工人运动的自发性，否认党的领导作用。他们还反对列宁关于建立严格集中和秘密的组织的思想，维护所谓"广泛民主"的原则。《工人事业》杂志支持露骨的经济派报纸《工人思想报》，该杂志的编辑之一伊万申参加了这个报纸的编辑工作。在俄国社会民主工党第二次代表大会上，工人事业派是党内机会主义极右派的代表。列宁在《怎么办?》中批判了《工人事业》杂志和工人事业派的观点(见《列宁全集》中文第2版增订版第6卷)。——62。

32　指1901年出版的尔·纳杰日丁(叶·奥·捷连斯基的笔名)的小册子《革命前夜。理论和策略问题不定期评论》。列宁在《怎么办?》一书中对这本小册子进行了尖锐的批评(见《列宁全集》中文第2版增订版第6卷第146、149、152—170页)。——62。

33　《法兰克福报》(《Frankfurter Zeitung》)是德国交易所经纪人的报纸(日报)，1856—1943年在美因河畔法兰克福出版。——65。

34　伯恩施坦主义是德国社会民主党人爱·伯恩施坦的修正主义思想体系，产生于19世纪末20世纪初。伯恩施坦的《社会主义的前提和社会民主党的任务》(1899年)一书是对伯恩施坦主义的全面阐述。伯恩施坦主义在哲学上否定辩证唯物主义和历史唯物主义，用庸俗进化论和诡辩论代替革命的辩证法；在政治经济学上修改马克思主义的剩余价值学说,竭力掩盖帝国主义的矛盾,否认资本主义制度的经济危机和政治危机;在政治上鼓吹阶级合作和资本主义和平长入社会主义,传播改良主义和机会主义思想,反对马克思主义的阶级斗争学说,特别是无产阶级革命和无产阶级专政的学说。伯恩施坦主义得到了德国社会民主党右翼和第二国际其他一些政党的支持。在俄国,追随伯恩施坦主义的有合法马克思主义者、经济派等。——68。

35　指俄罗斯民间故事《十足的傻瓜》中的主人公傻瓜伊万努什卡。这个傻瓜经常说些不合时宜的话,因此而挨揍。一次,他看到农民在脱粒,叫喊道:“你们脱三天,只能脱三粒!”为此他挨了一顿打。傻瓜回家向母亲哭诉,母亲告诉他:“你应该说,但愿你们打也打不完,运也运不完,拉也拉不完!”第二天,傻瓜看到人家送葬,就叫喊道:“但愿你们运也运不完,拉也拉不完!”结果又挨了一顿打。——69。

36　指列宁在布尔什维克的报纸《前进报》第13号和第14号上发表的两篇文章《社会民主党和临时革命政府》和《无产阶级和农民的革命民主专政》(见《列宁全集》中文第2版增订版第10卷)。——71。

37　这是尔·马尔托夫提出的。他在1905年3月17日(30日)《火星报》第93号登载的《当务之急。工人政党和作为我们当前任务的“夺取政权”》一文里说,“夺取政权”的任务只有两种可以想象的形式:或者是无产阶级作为阶级去掌握国家,那就走到了“资产阶级革命”的极限,那就是说俄国社会民主党人对俄国无产阶级的历史地位和任务的整个分析是不正确的,那就应该从根本上修改我们的纲领;或者是社会民主党参加革命民主政府,那就不妨现在就同我们将与之一道实现“专政”的社会力量建立政治“联盟”,那就需要马上修改我们的策略原则。因此,“或者是最庸俗的饶勒斯主义,或者是否认当前革命的资产阶级性质”。

　　让·饶勒斯是法国社会党改良派领袖,他主张社会党人在资产阶级社会内参加政权。——71。

38　指在伦敦的公社的布朗基派流亡者于1874年发表的纲领。参看恩格斯的《流亡者文献》一文第2节:《公社的布朗基派流亡者的纲领》(《马克思恩格斯选集》第3版第3卷)。

布朗基派是 19 世纪法国工人运动中由杰出的革命家路·奥·布朗基领导的一个派别。布朗基派不了解无产阶级的历史使命,忽视同群众的联系,主张用密谋手段推翻资产阶级政府,建立革命政权,实行少数人的专政。马克思和列宁高度评价布朗基主义者的革命精神,同时坚决批判他们的密谋策略。——73。

39 爱尔福特纲领是指 1891 年 10 月举行的德国社会民主党爱尔福特代表大会通过的党纲。它取代了 1875 年的哥达纲领。爱尔福特纲领以马克思主义关于资本主义生产方式必然灭亡和被社会主义生产方式所代替的学说为基础,强调工人阶级必须进行政治斗争,指出了党作为这一斗争的领导者的作用。它从根本上说是一个马克思主义的纲领。但是,爱尔福特纲领也有严重缺点,其中最主要的是没有提到无产阶级专政是对社会实行社会主义改造的手段这一原理。纲领也没有提出推翻君主制、建立民主共和国、改造德国国家制度等要求。对此,恩格斯在《1891 年社会民主党纲领草案批判》(见《马克思恩格斯选集》第 3 版第 4 卷)中提出了批评意见。代表大会通过的纲领是以《新时代》杂志编辑部的草案为基础的。——78。

40 《社会民主党在民主革命中的两种策略》一书第 10 章的附注是列宁在撰写这本书的过程中写在另外的纸上的。列宁在附注的手稿中注明:"加在第 10 章中"。但该书第一次出版时和 1907 年收入《十二年来》文集时都没有加进这个附注。1926 年这个附注第一次发表于《列宁文集》俄文版第 5 卷。《列宁全集》俄文第 4 版和第 5 版按照上述列宁意见把这个附注收入了该书的正文,放在第 10 章的后面。——79。

41 《无产者报》第 3 号发表了列宁的《论临时革命政府》一文的第二篇文章(见《列宁全集》中文第 2 版增订版第 10 卷)。列宁在这篇文章中引用了恩格斯的《行动中的巴枯宁主义者。关于 1873 年夏季西班牙起义的札记》一文(参看《马克思恩格斯全集》中文第 1 版第 18 卷)。——87。

42 《信条》是经济派于 1899 年写的一个文件。它极其鲜明地反映了经济派的观点。《信条》的作者叶·德·库斯柯娃当时是国外俄国社会民主党人联合会成员。

列宁在西伯利亚流放地收到他姐姐安·伊·乌里扬诺娃-叶利扎罗娃从彼得堡寄来的《信条》之后，于 1899 年 8 月在米努辛斯克专区叶尔马科夫斯克村召集被流放的马克思主义者开会讨论了经济派的这个文件和他起草的《俄国社会民主党人抗议书》（见《列宁全集》中文第 2 版增订版第 4 卷）。与会者 17 人一致通过并签署了这个《抗议书》，所以也称 17 人抗议书。《抗议书》引用了《信条》的全文。——88。

43 《〈工人思想报〉增刊》是俄国经济派报纸《工人思想报》编辑部于 1899 年 9 月出版的一本小册子。这本小册子，特别是其中署名尔·姆·的《我国的实际情况》一文，公开散布机会主义观点。列宁在《俄国社会民主党中的倒退倾向》和《怎么办？》（见《列宁全集》中文第 2 版增订版第 4 卷和第 6 卷）中对这本小册子进行了批判。——89。

44 《人道报》（«L'Humanité»）是法国日报，由让·饶勒斯于 1904 年创办。该报起初是法国社会党的机关报，在第一次世界大战期间为法国社会党极右翼所掌握，采取了社会沙文主义立场。1918 年该报由马·加香领导后，反对法国政府武装干涉苏维埃俄国的帝国主义政策。在法国社会党分裂和法国共产党成立后，从 1920 年 12 月起，该报成为法国共产党中央机关报。——91。

45 《我们敢不敢胜利？》是卡·考茨基于 1899 年 9 月发表的《伯恩施坦与社会民主党的纲领。反批评》一书第 3 章第 3 节的标题。列宁曾在娜·康·克鲁普斯卡娅的协助下把考茨基的这一著作翻译成俄文，当时没有出版。1905 年，李沃维奇出版社用《考茨基论文集》的书名出版了它的部分章节，没有署译者的名字。1906 年该书再版时标明为列宁译。——100。

46 指法国工人运动和第一国际的著名活动家路易·欧仁·瓦尔兰于 1871 年参加巴黎公社委员会一事。——100。

47 指俄国社会民主工党第二次代表大会。

俄国社会民主工党第二次代表大会于 1903 年 7 月 17 日（30 日）—8 月 10 日（23 日）召开。7 月 24 日（8 月 6 日）前，代表大会在布鲁塞尔开了 13 次会议。后因比利时警察将一些代表驱逐出境，代表大会移至伦敦,继续开了24次会议。

　　代表大会是《火星报》筹备的。列宁为代表大会起草了一系列文件,并详细拟定了代表大会的议程和议事规程。出席代表大会的有43名有表决权的代表,他们代表着26个组织(劳动解放社、《火星报》组织、崩得国外委员会和中央委员会、俄国革命社会民主党人国外同盟、国外俄国社会民主党人联合会以及俄国社会民主党的20个地方委员会和联合会),共有51票表决权(有些代表有两票表决权)。出席代表大会的有发言权的代表共14名。代表大会的成分不一,其中有《火星报》的拥护者,也有《火星报》的反对者以及不坚定的动摇分子。

　　列入代表大会议程的问题共有20个:1.确定代表大会的性质。选举常务委员会。确定代表大会的议事规程和议程。组织委员会的报告和选举审查代表资格和决定代表大会组成的委员会。2.崩得在俄国社会民主工党内的地位。3.党纲。4.党的中央机关报。5.代表们的报告。6.党的组织(党章问题是在这项议程下讨论的)。7.区组织和民族组织。8.党的各独立团体。9.民族问题。10.经济斗争和工会运动。11.五一节的庆祝活动。12.1904年阿姆斯特丹国际社会党代表大会。13.游行示威和起义。14.恐怖手段。15.党的工作的内部问题:(1)宣传工作,(2)鼓动工作,(3)党的书刊工作,(4)农民中的工作,(5)军队中的工作,(6)学生中的工作,(7)教派信徒中的工作。16.俄国社会民主工党对社会革命党人的态度。17.俄国社会民主工党对俄国各自由主义派别的态度。18.选举党的中央委员会和中央机关报编辑部。19.选举党总委员会。20.代表大会的决议和记录的宣读程序,以及选出的负责人和机构开始行使自己职权的程序。有些问题没有来得及讨论。

　　列宁被选入代表大会常务委员会,主持了多次会议,几乎就所有问题发了言。他还是纲领委员会、章程委员会和代表资格审查委员会的委员。

　　代表大会要解决的最重要的问题是:批准党纲、党章以及选举党的中央领导机关。列宁及其拥护者在大会上同机会主义者展开了坚决的斗争。代表大会否决了机会主义分子要按照西欧各国社会民主党的纲领的精神来修改《火星报》编辑部制定的纲领草案的一切企图。大会先逐条讨论和通过党纲草案,然后由全体代表一致通过整个纲领(有1票弃权)。在讨论党章时,会上就建党的组织原则问题展开了尖锐的斗争。由于得到了反火星派和"泥潭派"（中派）的支持，尔·马尔托夫提出的为不坚定分子入党大开方便之门的党章第 1 条条文，以微弱的多数票为大会所通过。但是代表大会还是基本上批准了列宁制定的党章。

大会票数的划分起初是：火星派 33 票，"泥潭派"（中派）10 票，反火星派 8 票（3 名工人事业派分子和 5 名崩得分子）。在彻底的火星派（列宁派）和"温和的"火星派（马尔托夫派）之间发生分裂后，彻底的火星派暂时处于少数地位。但是，8 月 5 日（18 日），7 名反火星派分子（2 名工人事业派分子和 5 名崩得分子）因不同意代表大会的决议而退出了大会。在选举中央机关时，得到反火星派分子和"泥潭派"支持的马尔托夫派（共 7 人）成为少数派，共有 20 票（马尔托夫派 9 票，"泥潭派" 10 票，反火星派 1 票），而团结在列宁周围的 20 名彻底的火星派分子成为多数派，共有 24 票。列宁及其拥护者在选举中取得了胜利。代表大会选举列宁、马尔托夫和格·瓦·普列汉诺夫为中央机关报《火星报》编委，格·马·克尔日扎诺夫斯基、弗·威·林格尼克和弗·亚·诺斯科夫为中央委员会委员，普列汉诺夫为党总委员会委员。从此，列宁及其拥护者被称为布尔什维克（俄语多数派一词音译），而机会主义分子则被称为孟什维克（俄语少数派一词音译）。

俄国社会民主工党第二次代表大会具有重大的历史意义。列宁说："布尔什维主义作为一种政治思潮，作为一个政党而存在，是从 1903 年开始的。"（见《列宁全集》中文第 2 版增订版第 39 卷第 4 页）——101。

48 指 1905 年孟什维克的日内瓦代表会议通过的《组织章程》。列宁在《倒退的第三步》和《〈工人论党内分裂〉一书序言》（见《列宁全集》中文第 2 版增订版第 10 卷和第 11 卷）中也批判了这个章程。——102。

49 泥潭派原来是 18 世纪法国资产阶级革命中人们给国民公会里的中派集团取的绰号，又译沼泽派，也称平原派，因他们的席位处在会场中较低的地方，故有此称。该派在国民公会中占多数，代表中等工商业资产者的利益。他们没有自己的纲领，在各政治派别的斗争中依违于左派和右派之间，而总是站到当时力量较强者的一边。泥潭派一词后来成了那些动摇不定、企图回避斗争的派别的通称。——111。

50　指布伦坦诺式的阶级斗争观,即 19 世纪 70 年代德国资产阶级经济学家、讲坛社会主义学派的主要代表人物之一路·布伦坦诺所倡导的改良主义学说,是资产阶级对马克思主义进行歪曲的一个变种。它宣扬资本主义社会里的"社会和平"以及不通过阶级斗争克服资本主义社会矛盾的可能性,认为可以通过组织工会和进行工厂立法来解决工人问题,调和工人和资本家的利益,实现社会平等。列宁称布伦坦诺主义是一种只承认无产阶级的非革命的"阶级"斗争的自由派资产阶级学说(参看《列宁全集》中文第 2 版增订版第 35 卷第 229 — 230 页)。——112。

51　希尔施—敦克尔工会是德国改良主义工会组织,1868 年由进步党活动家麦·希尔施和弗·敦克尔建立。该工会的组织者们鼓吹劳资利益"和谐"论,认为资本家也可以加入工会,否定罢工斗争的合理性。他们声称:在资本主义社会的范围内,通过国家立法和工会组织的帮助就能使工人摆脱资本的压迫;工会的主要任务是在工人与企业主之间起媒介作用和积累资金。希尔施—敦克尔工会主要从事组织互助储金会和建立文化教育团体的活动。它在德国工人运动中的影响有限,直到 1897 年它的会员不过 75 000 人,而社会民主党的工会会员已达 419 000 人。1933 年,希尔施—敦克尔工会的机会主义活动家加入了法西斯的"劳动战线"。——112。

52　《黎明报》(《Рассвет》)是俄国自由派的合法报纸(日报),1905 年 3 月 1 日(14 日)—11 月 29 日(12 月 12 日)在彼得堡出版。——113。

53　恩格斯的《行动中的巴枯宁主义者。关于 1873 年夏季西班牙起义的札记》一文(参看《马克思恩格斯全集》中文第 1 版第 18 卷)的俄译文经列宁校订后,于 1905 年由俄国社会民主工党中央委员会在日内瓦印成单行本,1906 年在彼得堡翻印。

　　正文中说的《共产主义者同盟执行委员会的通告》是指马克思和恩格斯合著的《共产主义者同盟中央委员会告同盟书》(见《马克思恩格斯选集》第 3 版第 1 卷)。《告同盟书》经恩格斯校订,于 1885 年作为附录收入马克思的《揭露科隆共产党人案件》一书的德文版。1906 年,彼得堡铁锤出版社出版了《揭露科隆共产党人案件》一书(包括《告同盟书》这篇附录)的俄译本。——115。

54　《曙光》杂志(《Заря》)是俄国马克思主义的科学政治刊物,由《火星报》
编辑部编辑,1901—1902 年在斯图加特出版,共出了 4 期(第 2、3 期为
合刊)。第 5 期已准备印刷,但没有出版。杂志宣传马克思主义,批判
民粹主义和合法马克思主义、经济主义、伯恩施坦主义等机会主义思
潮。——118。

55　《莫斯科新闻》(《Московские Ведомости》)是俄国最老的报纸之一,
1756 年开始由莫斯科大学出版。1842 年以前每周出版两次,以后每周
出版三次,从 1859 年起改为日报。1863—1887 年,由米·尼·卡特柯
夫等担任编辑,宣扬地主和宗教界人士中最反动阶层的观点。1897—
1907 年由弗·安·格林格穆特任编辑,成为黑帮报纸,鼓吹镇压工人和
革命知识分子。1917 年 10 月 27 日(11 月 9 日)被查封。——121。

56　以上 4 段正文(即从开头是"滥用字眼是政治方面最普通的现象"那一
段起)在《社会民主党在民主革命中的两种策略》一书 1905 年版本中和
在收入该著作的 1907 年《十二年来》文集中都没有刊载。1940 年 4 月
22 日《真理报》第 112 号第一次发表了这几段文字。在《列宁全集》俄
文第 4 版和第 5 版中,这几段正文是按手稿刊印的。——122。

57　列宁引自弗·梅林编《卡·马克思、弗·恩格斯和斐·拉萨尔遗著选》
第 3 卷引言(见该书 1902 年斯图加特第 53 页)。这本书的俄文版于
1926 年出版,书名是:《弗·梅林收集的卡·马克思和弗·恩格斯在
1848—1850 年德国革命时代所写的随笔和论文》。

　　下面在本书第 130—131 页上,列宁引用了梅林的同一篇引言(同
上,第 81—82 页)。——123。

58　指《科隆工人联合会会刊》。

　　《科隆工人联合会会刊》(《Zeitung des Arbeiter-Vereines zu Köln》)
报头下标有"自由、博爱、劳动"字样,是科隆工人联合会的机关报。该
报报道科隆工人联合会和莱茵省其他工人联合会的活动,1848 年 4—
10 月出版,共出了 40 号。7 月以前由安·哥特沙克主编,7 月以后由
约·莫尔主编,两人都是共产主义者同盟的盟员。该会刊停刊后,科隆

工人联合会从 1848 年 10 月 26 日起以《自由、博爱、劳动》的名称重新
在科隆出版报纸。这个报纸出版到 1849 年 6 月 24 日（中间于 1848 年
年底停刊，1849 年 2 月 8 日复刊），共出了 32 号。——130。

59　共产主义者同盟是历史上第一个以科学社会主义为指导的无产阶级政
党，1847 年在伦敦成立。共产主义者同盟的前身是 1836 年成立的正义
者同盟，这是一个主要由德国工人和手工业者组成的德国政治流亡者
秘密革命组织，后期也有其他国家的人参加。随着形势的发展，正义者
同盟的领导成员逐步认识到必须使同盟摆脱旧的密谋传统和方式，并
且确信马克思和恩格斯的理论是正确的，遂于 1847 年邀请马克思和恩
格斯参加正义者同盟，协助同盟改组。1847 年 6 月，正义者同盟在伦敦
召开代表大会，恩格斯出席了大会，按照他的倡议，同盟的名称改为共
产主义者同盟，因此这次大会也是共产主义者同盟的第一次代表大会。
大会批准了以民主原则作为同盟组织基础的章程草案，并用"全世界无
产者，联合起来！"的战斗口号取代了正义者同盟原来的"人人皆兄弟！"
的口号。同年 11 月 29 日—12 月 8 日，同盟召开第二次代表大会，马克
思和恩格斯出席了大会。大会通过了同盟的章程，并对章程第 1 条作
了修改，规定同盟的目的是"推翻资产阶级，建立无产阶级统治，消灭旧
的以阶级对立为基础的资产阶级社会和建立没有阶级、没有私有制的
新社会"。大会委托马克思和恩格斯起草同盟的纲领，这就是 1848 年 2
月问世的《共产党宣言》。
　　1848 年法国二月革命爆发后，同盟在巴黎成立新的中央委员会，马
克思当选为中央委员会主席，恩格斯当选为中央委员。德国三月革命
爆发后，马克思和恩格斯起草了共产主义者同盟在这次革命中的政治
纲领《共产党在德国的要求》，并动员和组织同盟成员回国参加革命。
他们在科隆创办《新莱茵报》，作为指导革命的中心。欧洲 1848—1849
年革命失败后，共产主义者同盟进行了改组并继续开展活动。1851 年
同盟召开中央委员会非常会议，批判了维利希—沙佩尔宗派集团的冒
险主义策略，并决定把中央委员会迁往科隆。在普鲁士政府策划的陷
害共产主义者同盟盟员的科隆共产党人案件判决后，同盟于 1852 年 11
月 17 日宣布解散。同盟在宣传科学社会主义和培养无产阶级革命战
士方面起了重要作用；它的许多盟员后来积极参加了建立国际工人协

会的活动。——132。

60　工人兄弟会是共产主义者同盟盟员、德国排字工人斯·波尔恩于1848
年在柏林建立的德国工人和手工业者的组织。波尔恩是德国工人运动
中改良主义派别的代表之一,他把工人兄弟会的活动限制在组织经济
罢工和争取实现有利于手工业者的狭隘的行会性质的措施(给小生产
者贷款和组织合作社等)的范围内。工人兄弟会的纲领是断章取义地
引用《共产党宣言》的观点和吸收路易·勃朗及皮·约·蒲鲁东的小资
产阶级社会主义学说拼凑而成的。在1848—1849年革命时期,工人兄
弟会站在无产阶级政治运动之外,但它的一些地方分会积极参加了革
命斗争。1849年春,马克思和恩格斯曾打算在筹建无产阶级政党的过
程中利用工人兄弟会的组织。1850年,工人兄弟会被政府查禁,但是它
的若干分会还继续存在了许多年。——132。

61　德累斯顿起义于1849年5月3日开始。爆发这次起义的原因是萨克森
国王拒绝承认法兰克福议会制定的帝国宪法,并任命极端反动分子钦
斯基担任首相。工人和手工业者在这次起义的街垒战中起了主要作
用,资产阶级和小资产阶级则几乎没有参加斗争。起义于5月9日遭到
政府军队和开抵萨克森的普鲁士军队的镇压。德累斯顿起义是保卫帝
国宪法斗争的开端。这一斗争于1849年5—7月期间在德国南部和西
部进行,以民主力量的失败告终。——133。

62　指格·瓦·普列汉诺夫的《这可能吗?》一文。该文刊载于1907年9月
26日(10月9日)《同志报》第381号。
　　《同志报》(«Товарищ»)是俄国资产阶级报纸(日报),1906年3月
15日(28日)—1907年12月30日(1908年1月12日)在彼得堡出版。
该报打着"无党派"的招牌,实际上是左派立宪民主党人的机关报。参
加该报工作的有谢·尼·普罗柯波维奇和叶·德·库斯柯娃。孟什维
克也为该报撰稿。从1908年1月起《我们时代报》代替了《同志报》。
——133。

63　赫列斯塔科夫是俄国作家尼·瓦·果戈理的喜剧《钦差大臣》中的主
角。他是一个恬不知耻、肆无忌惮地吹牛撒谎的骗子。——134。

64　列宁写作《社会民主党在民主革命中的两种策略》一书的准备材料,只
　　　有很少几件保存了下来。除了本书所载的这个文献之外,还有:书名方
　　　案、目录方案、《补充说明》第 2 章的简要提纲和关于某些问题的笔记等
　　　(见《列宁文稿》人民出版社版第 12 卷第 147—157 页)。——137。

65　指《无产者报》的一批撰稿人所准备的恩格斯的小册子《行动中的巴枯
　　　宁主义者》的俄译本。——137。

人 名 索 引

A

阿尔宁-苏科,亨利希·亚历山大(Arnim-Suckow,Heinrich Alexander 1798—
1861)——普鲁士外交官,男爵,在德国实行普鲁士君主制统治的狂热拥护
者。1820 年起在外交界任职。1848 年 3—6 月任康普豪森内阁外交大臣。
曾提出德国民族统一的思想,认为这是对付革命运动的重要手段。在外交政
策上把俄国视为德国统一和领土扩张的主要敌人。1849 年春入选普鲁士上
议院,在议会中代表资产阶级反对派。1852 年起脱离政治活动。—— 127。

阿基莫夫(**马赫诺韦茨**),弗拉基米尔·彼得罗维奇(Акимов(Махновец),
Владимир Петрович 1872—1921)——俄国社会民主党人,经济派代表人
物。19 世纪 90 年代中期加入彼得堡民意社,1897 年被捕,1898 年流放叶
尼塞斯克省,同年 9 月逃往国外,成为国外俄国社会民主党人联合会领导
人之一;为经济主义思想辩护,反对劳动解放社,后又反对《火星报》。1903
年代表联合会出席俄国社会民主工党第二次代表大会,是反火星派分子,
会后成为孟什维克极右翼代表。1905—1907 年革命期间支持主张建立
"全俄工人阶级组织"(社会民主党仅是该组织中的一种思想派别)的取消
主义思想。作为有发言权的代表参加了俄国社会民主工党第四次(统一)
代表大会的工作,维护孟什维克的机会主义策略,呼吁同立宪民主党人联
合。斯托雷平反动时期脱党。—— 58、111。

B

倍倍尔,奥古斯特(Bebel,August 1840—1913)——德国工人运动和国际工人
运动活动家,德国社会民主党和第二国际的创建人和领袖之一,马克思和
恩格斯的朋友和战友;旋工出身。19 世纪 60 年代前半期开始参加政治活

动,1867 年当选为德国工人协会联合会主席,1868 年该联合会加入第一国际。1869 年与威·李卜克内西共同创建了德国社会民主工党(爱森纳赫派),该党于 1875 年与拉萨尔派合并为德国社会主义工人党,后又改名为德国社会民主党。多次当选国会议员,利用国会讲坛揭露帝国政府反动的内外政策。1870—1871 年普法战争期间持国际主义立场,在国会中投票反对军事拨款,支持巴黎公社,为此曾被捕和被控叛国,断断续续在狱中度过近六年时间。在反社会党人非常法施行时期,领导了党的地下活动和议会活动。90 年代和 20 世纪初党内的改良主义和修正主义进行斗争,反对伯恩施坦及其拥护者对马克思主义理论的歪曲和庸俗化。是出色的政论家和演说家,对德国和欧洲工人运动的发展有很大影响。马克思和恩格斯高度评价了他的活动。——57、58。

彼特龙凯维奇,伊万·伊里奇(Петрункевич, Иван Ильич 1843 — 1928)——俄国地主,地方自治运动活动家。19 世纪 70 年代末开始参加地方自治运动。解放社的组织者和主席(1904 — 1905),立宪民主党创建人之一,该党中央委员会主席(1909 — 1915)和中央机关报《言语报》出版人。曾参加 1904 — 1905 年地方自治人士代表大会。第一届国家杜马代表。十月革命后为白俄流亡分子。——47、112、127。

俾斯麦,奥托·爱德华·莱奥波德(Bismarck, Otto Eduard Leopold 1815 — 1898)——普鲁士和德国国务活动家和外交家。普鲁士容克的代表。曾任驻彼得堡大使(1859 — 1862)和驻巴黎大使(1862),普鲁士首相(1862 — 1872、1873 — 1890),北德意志联邦首相(1867 — 1871)和德意志帝国首相(1871 — 1890)。1870 年发动普法战争,1871 年支持法国资产阶级镇压巴黎公社。主张普鲁士领导下"自上而下"统一德国。曾采取一系列内政措施,捍卫容克和大资产阶级的联盟。1878 年颁布反社会党人非常法。由于内外政策遭受挫折,于 1890 年 3 月去职。——120。

波尔恩,斯蒂凡(**西蒙·布特尔米尔希**)(Born, Stephan(Simon Buttermilch)1824 — 1898)——德国早期工人运动活动家,排字工人。1845 年参加工人运动,1846 年底去巴黎,不久与恩格斯相识,参加共产主义者同盟。德国 1848 年革命爆发后来到柏林,领导柏林工人中央委员会和由他建立的工人兄弟会。力图使工人运动脱离政治斗争,把工人运动引向追求实现微小的经济改革。曾参加 1849 年 5 月德累斯顿起义,起义失败后流亡瑞士,不久即脱离工人运动,从事新闻工作,在巴塞尔大学讲授德国和法国文学史。——130、132、133。

波特列索夫,亚历山大·尼古拉耶维奇(斯塔罗韦尔)(Потресов, Александр Николаевич (Старовер) 1869—1934)——俄国孟什维克领袖之一。19 世纪 90 年代初参加马克思主义小组。1896 年加入彼得堡工人阶级解放斗争协会,后被捕,1898 年流放维亚特卡省。1900 年出国,参与创办《火星报》和《曙光》杂志。在俄国社会民主工党第二次代表大会上是《火星报》编辑部有发言权的代表,属火星派少数派,会后是孟什维克刊物的主要撰稿人和领导人。斯托雷平反动时期和新的革命高涨年代是取消派思想家,在《复兴》杂志和《我们的曙光》杂志中起领导作用。第一次世界大战期间是社会沙文主义者。1917 年在反布尔什维克的资产阶级《日报》中起领导作用。十月革命后侨居国外,为克伦斯基的《白日》周刊撰稿,攻击苏维埃政权。——49、58、83、84、109、117。

伯恩施坦,爱德华(Bernstein, Eduard 1850—1932)——德国社会民主党和第二国际右翼领袖之一,修正主义的代表人物。1872 年加入社会民主党,曾是欧·杜林的信徒。1879 年和卡·赫希柏格、卡·施拉姆在苏黎世发表《德国社会主义运动的回顾》一文,指责党的革命策略,主张放弃革命斗争,适应俾斯麦制度,受到马克思和恩格斯的严厉批评。1881—1890 年任党的中央机关报《社会民主党人报》编辑。从 90 年代中期起完全同马克思主义决裂。1896—1898 年以《社会主义问题》为题在《新时代》杂志上发表一组文章,1899 年发表《社会主义的前提和社会民主党的任务》一书,从经济、政治和哲学方面对马克思主义的理论和策略作了全面的修正。1902 年起为国会议员。第一次世界大战期间持中派立场。1917 年参加德国独立社会民主党,1919 年公开转到右派方面。1918 年十一月革命失败后出任艾伯特—谢德曼政府的财政部长助理。——99。

勃朗,路易(Blanc, Louis 1811—1882)——法国小资产阶级社会主义者,历史学家。19 世纪 30 年代成为巴黎著名的新闻工作者,1838 年创办自己的报纸《进步评论》。1848 年二月革命期间参加临时政府,领导所谓研究工人问题的卢森堡宫委员会,推行妥协政策。1848 年六月起义失败后流亡英国,是在伦敦的小资产阶级流亡者的领导人之一。1870 年回国。1871 年当选为国民议会议员,对巴黎公社抱敌视态度。否认资本主义制度下阶级矛盾的不可调和性,反对无产阶级革命,主张同资产阶级妥协,幻想依靠资产阶级国家帮助建立工人生产协作社来改造资本主义社会。主要著作有《劳动组织》(1839)、《十年史,1830—1840》(1841—1844)、《法国革命史》(12 卷,1847—1862)等。——132。

布里根,亚历山大·格里戈里耶维奇(Булыгин, Александр Григорьевич 1851—1919)——俄国国务活动家,大地主。1900 年以前先后任法院侦查员和一些省的省长。1900—1904 年任莫斯科总督助理,积极支持祖巴托夫保安处的活动。1905 年 1 月 20 日就任内务大臣。同年 2 月起奉沙皇之命主持起草关于召开咨议性国家杜马的法案,以期平息国内日益增长的革命热潮。但布里根杜马在革命的冲击下未能召开。布里根于沙皇颁布十月十七日宣言后辞职,虽仍留任国务会议成员,实际上已退出政治舞台。——46、53、55。

E

恩格斯,弗里德里希(Engels,Friedrich 1820—1895)——科学共产主义创始人之一,世界无产阶级的领袖和导师,马克思的亲密战友。——73、78、79、87、115、130、131、132、133、137、138。

F

费尔巴哈,路德维希·安德列亚斯(Feuerbach, Ludwig Andreas 1804—1872)——德国唯物主义哲学家和无神论者,德国古典哲学代表人物之一,德国资产阶级最激进的民主主义阶层的思想家。1828 年起在埃朗根大学任教。在自己的第一部著作《关于死和不死的思想》(1830)中反对基督教关于灵魂不死的教义;该书被没收,本人遭迫害,并被学校解聘。1836 年移居布鲁克贝格村(图林根),在农村生活了近 25 年。在从事哲学活动的初期是唯心主义者,属于青年黑格尔派。到 30 年代末摆脱了唯心主义;在《黑格尔哲学批判》(1839)和《基督教的本质》(1841)这两部著作中,割断了与黑格尔主义的联系,转向唯物主义立场。主要功绩是在唯心主义长期统治德国哲学之后,恢复了唯物主义的权威。肯定自然界是客观存在的,不以人的意识为转移;人是自然的产物,人能认识物质世界和客观规律。
费尔巴哈的唯物主义是马克思主义哲学的理论来源之一。但他的唯物主
义是形而上学的和直观的,是以人本主义的形式出现的,历史观仍然是唯
心主义的;把人仅仅看做是一种脱离历史和社会关系而存在的生物,不了
解实践在认识和社会发展过程中的作用。晚年关心社会主义文献,读过马
克思的《资本论》,并于 1870 年加入德国社会民主党。在马克思《关于费尔
巴哈的提纲》和恩格斯《路德维希·费尔巴哈和德国古典哲学的终结》中对
费尔巴哈的哲学作了全面的分析。——30。

G

格列杰斯库尔,尼古拉·安德列耶维奇(Гредескул, Николай Андреевич 生于
　　1864 年)——俄国法学家和政论家,教授,立宪民主党人。1905 年参加《世
　　界报》的出版工作,同年 12 月在该报因发表"反政府"性质的文章遭到查封
　　后被捕。1906 年流放阿尔汉格尔斯克省。流放期间缺席当选为第一届国
　　家杜马代表,回到彼得堡后任国家杜马副主席。第一届国家杜马解散后,
　　因在维堡宣言上签名,再次被捕入狱。刑满出狱后,为立宪民主党的《言语
　　报》和资产阶级自由派的其他一些报刊撰稿。1916 年退出立宪民主党。
　　1917 年二月革命后参加资产阶级的《俄罗斯意志报》的出版工作。十月革
　　命后在列宁格勒一些高等院校任教。1926 年出版了自己的回忆录《俄国今
　　昔》,书中肯定了十月革命及其成果。——118。

H

哈科特,威廉·乔治·格兰维尔·维纳布尔斯·弗农(Harcourt, William
　　George Granville Venables Vernon 1827 — 1904)——英国政治活动家,自由
　　党人。1868 年被选为下院议员。1869 年起任剑桥大学国际法教授。曾先
　　后担任副检查总长(1873 — 1874)、内务大臣(1880 — 1885)和财政大臣
　　(1886、1892 — 1894)。1894 — 1898 年是下院自由党领袖。——120。

汉泽曼,大卫·尤斯图斯(Hansemann, David Justus 1790 — 1864)——德国政
　　治家和银行家,莱茵省自由派资产阶级领袖之一。1848 年 3 — 9 月在康普
　　豪森和奥尔斯瓦尔德内阁中任普鲁士财政大臣,奉行同反动君主派妥协的
　　政策。虽然在奥尔斯瓦尔德内阁中只担任财政大臣职务,但实际上起了领

导作用,因此这届政府是作为"汉泽曼政府"而载入史册的。1848 — 1849
年革命失败后脱离政治活动;后开办柏林贴现银行,在金融界继续起重要
作用。——126、127、128。

赫尔岑施坦,米哈伊尔·雅柯夫列维奇(Герценштейн,Михаил Яковлевич
1859 — 1906)——俄国经济学家,莫斯科农学院教授,第一届国家杜马代
表,立宪民主党领袖之一,该党土地问题理论家。第一届国家杜马解散后,
在芬兰被黑帮分子杀害。——128。

J

吉尔克(Gierke)——普鲁士汉泽曼政府的农业大臣(1848),普鲁士议
员。——128。

加邦,格奥尔吉·阿波罗诺维奇(Гапон,Георгий Аполлонович 1870 —
1906)——俄国神父,沙皇保安机关奸细。1902 年起和莫斯科保安处处长
祖巴托夫有了联系。1903 年在警察司授意下在彼得堡工人中成立了一个
祖巴托夫式的组织——圣彼得堡俄国工厂工人大会。1905 年 1 月 9 日挑
动彼得堡工人列队前往冬宫,向沙皇请愿,结果工人惨遭屠杀,他本人躲藏
起来,逃往国外。同年秋回国,接受保安处任务,企图潜入社会革命党的战
斗组织。阴谋败露后被工人战斗队员绞死。——44。

K

卡布鲁柯夫,尼古拉·阿列克谢耶维奇(Каблуков,Николай Алексеевич
1849—1919)——俄国经济学家和统计学家,民粹主义者。1874 — 1879 年
在莫斯科省地方自治局统计处工作,1885—1907 年任统计处处长。1894—
1919 年在莫斯科大学教书,1903 年起为教授。在著述中宣扬小农经济稳
固,把村社理想化,认为它是防止农民分化的一种形式,反对马克思主义的
阶级斗争学说。1917 年在临时政府最高土地委员会工作。十月革命后在
中央统计局工作。主要著作有《农业工人问题》(1884)、《农业经济学讲
义》(1897)、《论俄国农民经济发展的条件》(1899)、《政治经济学》(1918)
等。——128。

卡尼茨,奥古斯特(Kanitz,August 1783 — 1852)——普鲁士将军,反动贵族和

官僚的代表人物。1848 年 5—6 月任康普豪森内阁的陆军大臣。——127。

康普豪森，卢道夫（Camphausen，Ludolf 1803—1890）——普鲁士国务活动家，
银行家，莱茵省自由派资产阶级领袖之一。1848 年 3 月 29 日起任普鲁士
首相，奉行同君主派妥协的政策，同年 6 月 20 日辞职。1848 年 6 月—1849
年 4 月为普鲁士驻德意志临时中央政府全权代表。1850 年起为普鲁士邦
议会贵族院议员，后为北德意志联邦国会议员。60 年代脱离政治活
动。——124、126、127。

考茨基，卡尔（Kautsky，Karl 1854—1938）——德国社会民主党和第二国际的
领袖和主要理论家之一。1875 年加入奥地利社会民主党，1877 年加入德
国社会民主党。1881 年与马克思和恩格斯相识后，在他们的影响下逐渐转
向马克思主义。从 19 世纪 80 年代到 20 世纪初写过一些宣传和解释马克
思主义的著作：《卡尔·马克思的经济学说》（1887）、《土地问题》（1899）
等。但在这个时期已表现出向机会主义方面摇摆，在批判伯恩施坦时作了
很多让步。1883—1917 年任德国社会民主党理论刊物《新时代》杂志主
编。曾参与起草 1891 年德国社会民主党纲领（爱尔福特纲领）。1910 年以
后逐渐转到机会主义立场，成为中派领袖。第一次世界大战前夕提出超帝
国主义论，大战期间打着中派旗号支持帝国主义战争。1917 年参与建立德
国独立社会民主党，1922 年拥护该党右翼与德国社会民主党合并。1918
年后发表《无产阶级专政》等书，攻击俄国十月革命，反对无产阶级专
政。——57、100。

柯尔佐夫，德·（**金兹堡，波里斯·阿布拉莫维奇**）（Кольцов，Д.（Гинзбург，
Борис Абрамович）1863—1920）——俄国社会民主党人，孟什维克。19 世
纪 80 年代前半期参加民意党人运动，80 年代末转向社会民主主义。1893
年初侨居瑞士，接近劳动解放社。1895—1898 年任国外俄国社会民主党人
联合会书记。1900 年联合会分裂后，退出该组织。曾参加第二国际伦敦代
表大会（1896）和巴黎代表大会（1900）的工作。作为有发言权的代表出席
了俄国社会民主工党第二次代表大会，属火星派少数派；会后成为孟什维
克骨干分子，为孟什维克报刊《社会民主党人报》、《开端报》等撰稿。
1905—1907 年革命期间在彼得堡参加工会运动，1908 年起在巴库工作。
斯托雷平反动时期和新的革命高涨年代持取消派立场。第一次世界大战

期间是社会沙文主义者。1917年二月革命后任彼得格勒工兵代表苏维埃劳动委员。敌视十月革命。1918—1919年在合作社组织中工作。——133。

克里切夫斯基,波里斯·尼古拉耶维奇（Кричевский, Борис Николаевич 1866—1919）——俄国社会民主党人,政论家,经济派领袖之一。19世纪80年代末参加社会民主主义小组的工作。90年代初侨居国外,加入劳动解放社,参加该社的出版工作。90年代末是国外俄国社会民主党人联合会的领导人之一。1899年任该会机关刊物《工人事业》杂志的编辑,在杂志上宣扬伯恩施坦主义观点。1903年俄国社会民主工党第二次代表大会后不久脱离政治活动。——58。

L

勒南,约瑟夫·厄内斯特（Renan, Joseph-Ernest 1823—1892）——法国宗教史学家,唯心主义哲学家,1879年起为法兰西科学院院士。以基督教早期传播史方面的著作闻名。主要著作有《基督教起源史》（1863—1883）、《耶稣生平》（1863）、《以色列民族史》（五卷本,1887—1893）等。在政治上公开反对民主主义和1871年的巴黎公社。——133。

利奥十三世（**文钦佐·卓阿基诺·佩奇**）（Leo XIII（Vincenzo Gioacchino Pecci）1810—1903）——罗马教皇（1878—1903）。力图使天主教适应资产阶级社会的状况并恢复罗马教廷的政治作用。反对社会主义思想和工人运动,要求联合一切反动势力并在教会的领导和监督下在各个国家建立强大的天主教政党、工会和其他组织。——120。

列宁,弗拉基米尔·伊里奇（**乌里扬诺夫,弗拉基米尔·伊里奇**）（Ленин, Владимир Ильич（Ульянов, Владимир Ильич）1870—1924）——7、9、47、57、58、60、67、79、84、116、118、124、133、137。

罗季切夫,费多尔·伊兹迈洛维奇（Родичев, Федор Измаилович 1853—1932）——俄国地主,地方自治运动活动家,立宪民主党领袖之一,该党中央委员。1904—1905年地方自治人士代表大会的参加者。第一届至第四届国家杜马代表。1917年二月革命后任临时政府芬兰事务委员。十月革命后为白俄流亡分子。——112、127、128。

M

马尔丁诺夫,亚历山大(**皮凯尔,亚历山大·萨莫伊洛维奇**)(Мартынов, Александр(Пиккер,Александр Самойлович)1865—1935)——俄国经济派领袖之一,孟什维克著名活动家,后为共产党员。19世纪80年代初参加民意党人小组,1886年被捕,流放东西伯利亚十年;流放期间成为社会民主党人。1900年侨居国外,参加经济派的《工人事业》杂志编辑部,反对列宁的《火星报》。在俄国社会民主工党第二次代表大会上是国外俄国社会民主党人联合会的代表,反火星派分子,会后成为孟什维克。1907年作为叶卡捷琳诺斯拉夫组织的代表参加了党的第五次(伦敦)代表大会的工作,在代表大会上当选为中央委员。斯托雷平反动时期和新的革命高涨年代是取消派分子,参加取消派的机关报《社会民主党人呼声报》编辑部。第一次世界大战期间持中派立场。1917年二月革命后为孟什维克国际主义者。十月革命后脱离孟什维克。1918—1922年在乌克兰当教员。1923年加入俄共(布),在马克思恩格斯研究院工作。1924年起任《共产国际》杂志编委。——17、19、21、29、58、67、69、70、74、90、100、101、115、116、117、121、122、123—124、137、138。

马尔托夫,尔·(**策杰尔包姆,尤利·奥西波维奇**)(Мартов,Л.(Цедербаум, Юлий Осипович)1873—1923)——俄国孟什维克领袖之一。1895年参与组织彼得堡工人阶级解放斗争协会。1896年被捕并流放图鲁汉斯克三年。1900年参与创办《火星报》,为该报编辑部成员。在俄国社会民主工党第二次代表大会上是《火星报》组织的代表,领导机会主义少数派,反对列宁的建党原则;从那时起成为孟什维克中央机关的领导成员和孟什维克报刊的编辑。曾参加党的第五次(伦敦)代表大会的工作。斯托雷平反动时期和新的革命高涨年代是取消派分子,编辑《社会民主党人呼声报》,参与组织"八月联盟"。第一次世界大战期间是中派分子,参加齐美尔瓦尔德代表会议和昆塔尔代表会议。曾参加孟什维克组织委员会国外书记处,为书记处编辑机关刊物。1917年二月革命后领导孟什维克国际主义派。十月革命后反对镇压反革命和解散立宪会议。1919年当选为全俄中央执行委员会委员,1919—1920年为莫斯科苏维埃代表。1920年9月侨居德国。参与组织第二半国际,在柏林创办和编辑孟什维克杂志《社会主义通报》。——70。

马克思,卡尔(Marx, Karl 1818—1883)——科学共产主义的创始人,世界无产阶级的领袖和导师。——20、30、47、72、79、89、105、115、120、123、124、125、126、127、129、130、131、132、133、138。

曼努伊洛夫,亚历山大·阿波罗诺维奇(Мануилов, Александр Аполлонович 1861—1929)——俄国经济学家,教授。19 世纪 90 年代是自由主义民粹派分子,后来成为立宪民主党人,任该党中央委员。所拟定的土地改革方案是立宪民主党土地纲领的基础。1907—1911 年为国务会议成员。1905—1908 年任莫斯科大学副校长,1908—1911 年任莫斯科大学校长。1917 年二月革命后任临时政府国民教育部长。十月革命后一度侨居国外,但很快回国,并同苏维埃政权合作,在高等院校任教。写有许多经济问题方面的著作。主要著作有《爱尔兰的地租》(1895)、《古典学派经济学家学说的价值的概念》(1901)、《政治经济学讲义教程》第 1 编(1914)等。——128。

梅林,弗兰茨(Mehring, Franz 1846—1919)——德国工人运动活动家,德国社会民主党左翼领袖和理论家之一,历史学家和政论家,德国共产党创建人之一。19 世纪 60 年代末起是资产阶级民主主义政论家,1877—1882 年持资产阶级自由主义立场,后向左转化,逐渐接受马克思主义。曾任民主主义报纸《人民报》主编。1891 年加入德国社会民主党,担任党的理论刊物《新时代》杂志撰稿人和编辑,1902—1907 年任《莱比锡人民报》主编,反对第二国际的机会主义和修正主义,批判考茨基主义。第一次世界大战爆发后坚决谴责帝国主义战争和社会沙文主义者的背叛政策;是国际派(后改称斯巴达克派和斯巴达克联盟)的组织者和领导人之一。1918 年参加建立德国共产党的准备工作。欢迎俄国十月革命,撰文驳斥对十月革命的攻击,维护苏维埃政权。在研究德国中世纪史、德国社会民主党史和马克思主义史方面作出重大贡献,在整理出版马克思、恩格斯和拉萨尔的遗著方面也做了大量工作。主要著作有《莱辛传奇》(1893)、《德国社会民主党史》(1897—1898)、《马克思传》(1918)等。——47、123、124、130、132。

米勒兰,亚历山大·埃蒂耶纳(Millerand, Alexandre Étienne 1859—1943)

——法国政治家和国务活动家,法国社会党和第二国际的机会主义代表人
物。1885 年起多次当选议员。原属资产阶级激进派,90 年代初参加法国
社会主义运动,领导运动中的机会主义派。1898 年同让·饶勒斯等人组成
法国独立社会党人联盟。1899 年参加瓦尔德克-卢梭内阁,任工商业部长,
是有史以来社会党人第一次参加资产阶级政府,列宁把这个行动斥之为
"实践的伯恩施坦主义"。1904 年被开除出法国社会党,此后同阿·白里
安、勒·维维安尼等前社会党人一起组成独立社会党人集团(1911 年取名
为"共和社会党")。1909—1915 年先后任公共工程部长和陆军部长,竭力
主张把帝国主义战争进行到底。俄国十月革命后是武装干涉苏维埃俄国
的策划者之一。1920 年 1—9 月任总理兼外交部长,1920 年 9 月—1924 年
6 月任法兰西共和国总统。资产阶级左翼政党在大选中获胜后,被迫辞职。
1925 年和 1927 年当选为参议员。——100。

N

纳杰日丁,尔·(**捷连斯基,叶夫根尼·奥西波维奇**)(Надеждин, Л.
(Зеленский, Евгений Осипович)1877—1905)——早年是俄国民粹派分
子,1898 年加入萨拉托夫社会民主主义组织。1899 年被捕并被逐往沃洛
格达省,1900 年流亡瑞士,在日内瓦组织了"革命社会主义的"自由社
(1901—1903)。在《自由》杂志上以及在他写的《革命前夜》(1901)、《俄
国革命主义的复活》(1901)等小册子中支持经济派,同时宣扬恐怖活动是
"唤起群众"的有效手段;反对列宁的《火星报》。俄国社会民主工党第二
次代表大会后为孟什维克报刊撰稿。——62。

尼古拉二世(**罗曼诺夫**;血腥的尼古拉)(Николай II(Романов, Николай
Кровавый)1868—1918)——俄国最后一个皇帝,亚历山大三世的儿子。
1894 年即位,1917 年二月革命时被推翻。1918 年 7 月 17 日根据乌拉尔州
工兵代表苏维埃的决定在叶卡捷琳堡被枪决。——47、120。

P

蒲鲁东,皮埃尔·约瑟夫(Proudhon, Pierre-Joseph 1809—1865)——法国政
论家,经济学家,社会学家,小资产阶级思想家,无政府主义理论的创始人
之一。1840 年出版《什么是财产?》一书,从小资产阶级立场出发批判大资

本主义所有制,幻想使小私有制永世长存。主张由专门的人民银行发放无息贷款,帮助工人购置生产资料,使他们成为手工业者,再由专门的交换银行保证劳动者"公平地"销售自己的劳动产品,而同时又不触动生产工具和生产资料的资本主义所有制。认为国家是阶级矛盾的主要根源,提出和平"消灭国家"的空想主义方案,对政治斗争持否定态度。1846 年出版《经济矛盾的体系,或贫困的哲学》,阐述其小资产阶级的哲学和经济学观点。马克思在《哲学的贫困》一书中对该书作了彻底的批判。1848 年革命时期被选入制宪议会后,攻击工人阶级的革命发动,赞成 1851 年 12 月 2 日的波拿巴政变。——132。

普列汉诺夫,格奥尔吉·瓦连廷诺维奇(Плеханов, Георгий Валентинович 1856—1918)——俄国早期的马克思主义理论家,后来成为孟什维克和第二国际机会主义领袖之一。19 世纪 70 年代参加民粹主义运动,是土地和自由社成员及土地平分社领导人之一。1880 年侨居瑞士,逐步同民粹主义决裂。1883 年在日内瓦创建俄国第一个马克思主义团体——劳动解放社。翻译和介绍了马克思和恩格斯的许多著作,对马克思主义在俄国的传播起了重要作用;写过不少优秀的马克思主义著作,批判民粹主义、合法马克思主义、经济主义、伯恩施坦主义、马赫主义。20 世纪初是《火星报》和《曙光》杂志编辑部成员。曾参与制定俄国社会民主工党纲领草案和参加党的第二次代表大会的筹备工作。在代表大会上是劳动解放社的代表,属火星派多数派,参加了大会常务委员会,会后逐渐转向孟什维克。1905—1907年革命时期反对列宁的民主革命的策略,后来在孟什维克和布尔什维克之间摇摆。在俄国社会民主工党第四次(统一)代表大会上作了关于土地问题的报告,维护马斯洛夫的孟什维克方案;在国家杜马问题上坚持极右立场,呼吁支持立宪民主党人的杜马。斯托雷平反动时期和新的革命高涨年代反对取消主义,领导孟什维克护党派。第一次世界大战期间持社会沙文主义立场。1917 年二月革命后支持资产阶级临时政府。对十月革命持否定态度,但拒绝支持反革命。最重要的理论著作有《社会主义与政治斗争》(1883)、《我们的意见分歧》(1885)、《论一元论历史观之发展》(1895)、《唯物主义史论丛》(1896)、《论个人在历史上的作用》(1898)、《没有地址的信》(1899—1900),等等。——109、116、131、133。

普罗柯波维奇,谢尔盖·尼古拉耶维奇(Прокопович, Сергей Николаевич

1871—1955）——俄国经济学家和政论家。曾参加国外俄国社会民主党人联合会，是经济派的著名代表人物，伯恩施坦主义在俄国最早的传播者之一。1904年加入资产阶级自由派的解放社，为该社骨干分子。1905年为立宪民主党中央委员。1906年参与出版半立宪民主党、半孟什维克的《无题》周刊，为左派立宪民主党人的《同志报》积极撰稿。1917年8月任临时政府工商业部长，9—10月任粮食部长。1921年在全俄赈济饥民委员会工作，同反革命地下活动有联系。1922年被驱逐出境。——112。

R

饶勒斯，让（Jaurès，Jean 1859—1914）——法国社会主义运动和国际社会主义运动活动家，法国社会党领袖，历史学家和哲学家。1885年起多次当选议员。原属资产阶级共和派，90年代初开始转向社会主义。1898年同亚·米勒兰等人组成法国独立社会党人联盟。1899年竭力为米勒兰参加资产阶级政府的行为辩护。1901年起为社会党国际局成员。1902年与可能派、阿列曼派等组成改良主义的法国社会党。1903年当选为议会副议长。1904年创办《人道报》，主编该报直到逝世。1905年法国社会党同盖得领导的法兰西社会党合并后，成为统一的法国社会党的主要领导人。在理论和实践问题上往往持改良主义立场，但始终不渝地捍卫民主主义，反对殖民主义和军国主义。由于呼吁反对临近的帝国主义战争，于1914年7月31日被法国沙文主义者刺杀。写有法国大革命史等方面的著作。——91。

S

什未林，马克西米利安（Schwerin，Maximilien 1804—1872）——普鲁士政治活动家，反动贵族和官僚的代表人物。1848年3—6月在康普豪森内阁中任宗教、教育和卫生事务大臣；法兰克福国民议会议员，属极右翼反动派。1859—1862年任内务大臣。晚年加入代表大资产阶级利益的民族自由党。——127。

司徒卢威，彼得·伯恩哈多维奇（Струве，Петр Бернгардович 1870—1944）——俄国经济学家，哲学家，政论家，合法马克思主义主要代表人物，立宪民主党领袖之一。19世纪90年代编辑合法马克思主义者的《新言论》杂志和《开端》杂志。1896年参加第二国际第四次代表大会。1898年参加起草《俄国社会民主工党宣言》。在 1894 年发表的第一部著作《俄国经济发展问题的评述》中，在批判民粹主义的同时，对马克思的经济学说和哲学学说提出"补充"和"批评"。20 世纪初同马克思主义和社会民主主义彻底决裂，转到自由派营垒。1902 年起编辑自由派资产阶级刊物《解放》杂志，1903 年起是解放社的领袖之一。1905 年起是立宪民主党中央委员，领导该党右翼。1907 年当选为第二届国家杜马代表。第一次世界大战爆发后鼓吹俄国的帝国主义侵略扩张政策。十月革命后敌视苏维埃政权，是邓尼金和弗兰格尔反革命政府成员，后逃往国外。——5、17、41、46、54、57、58、59、60、61、62、63、65、66、67、88、89、91、110、111、117、118、119、120、121、137。

斯塔罗韦尔——见波特列索夫，亚历山大·尼古拉耶维奇。

T

特鲁别茨科伊,谢尔盖·尼古拉耶维奇（Трубецкой, Сергей Николаевич 1862—1905）——俄国社会活动家，宗教哲学家，公爵。在政治观点上是自由派分子，力图通过制定一部温和的宪法来巩固沙皇制度。1905 年作为地方自治人士代表团的成员晋谒了尼古拉二世，并在沙皇面前发表了纲领性的演说。列宁把地方自治人士的这一政治行动说成是对沙皇制度妥协的尝试。1905 年被推举为莫斯科大学校长。由于害怕学生在校内采取反对专制制度的公开革命行动，曾答应关闭学校。在哲学著作中激烈反对唯物主义。曾任《哲学和心理学问题》杂志编辑。——112、128。

梯也尔,阿道夫（Thiers, Adolphe 1797—1877）——法国国务活动家，历史学家。早年当过律师和新闻记者。19 世纪 20 年代末作为自由资产阶级反对派活动家开始政治活动。七月王朝时期历任参事院院长、内务大臣、外交大臣和首相，残酷镇压 1834 年里昂工人起义。第二共和国时期是秩序党领袖之一，制宪议会和立法议会议员。1870 年 9 月 4 日第二帝国垮台后，成为资产阶级国防政府实际领导人之一，1871 年 2 月就任第三共和国政府首脑。上台后与普鲁士签订了丧权辱国的和约，又策划解除巴黎国民自卫军的武装，从而激起了 3 月 18 日起义。内战爆发后逃往凡尔赛，勾结普鲁士军队血腥镇压巴黎公社。1871—1873 年任第三共和国总统。作为历史学家，他的观点倾向于复辟王朝时期的资产阶级历史编纂学派。马克思在

《法兰西内战》一书中对他在法国历史上的作用作了详尽的评述。——120。

屠拉梯,菲力浦(Turati, Filippo 1857—1932)——意大利工人运动活动家,意大利社会党创建人之一,该党右翼改良派领袖。1896—1926年为议员,领导意大利社会党议会党团。推行无产阶级同资产阶级阶级合作的政策。第一次世界大战期间持中派立场。敌视俄国十月革命。1922年意大利社会党分裂后,参与组织并领导改良主义的统一社会党。法西斯分子上台后,于1926年流亡法国,进行反法西斯的活动。——68、79。

托洛茨基(**勃朗施坦**),列夫·达维多维奇(Троцкий(Бронштейн), Лев Давидович 1879—1940)——1897年参加俄国社会民主主义运动。在俄国社会民主工党第二次代表大会上是西伯利亚联合会的代表,属火星派少数派。1905年同亚·帕尔乌斯一起提出和鼓吹"不断革命论"。斯托雷平反动时期和新的革命高涨年代,打着"非派别性"的幌子,实际上采取取消派立场。1912年组织"八月联盟"。第一次世界大战期间持中派立场。1917年二月革命后参加区联派,在党的第六次代表大会上随区联派集体加入布尔什维克党,当选为中央委员。参加十月武装起义的领导工作。十月革命后任外交人民委员,1918年初反对签订布列斯特和约,同年3月改任共和国革命军事委员会主席、陆海军人民委员等职。参与组建红军。1919年起为党中央政治局委员。1920年起历任共产国际执行委员会候补委员、委员。1920—1921年挑起关于工会问题的争论。1923年起进行派别活动。1925年初被解除革命军事委员会主席和陆海军人民委员职务。1926年与季诺维也夫结成"托季联盟"。1927年被开除出党,1929年被驱逐出境,1932年被取消苏联国籍。在国外组织第四国际。死于墨西哥。——6、58。

W

瓦尔兰,路易·欧仁(Varlin, Louis-Eugène 1839—1871)——法国工人运动活动家,巴黎公社主要领导人之一,左派蒲鲁东主义者;职业是装订工人。巴黎装订工人工会的组织者,曾领导1864年和1865年的装订工人罢工。1865年加入第一国际,是国际巴黎支部的组织者和领导人之一。1871年任国民自卫军中央委员会委员。1871年3月18日参与领导巴黎无产阶级起义。3 月 26 日当选为巴黎公社委员,先后参加财政、粮食和军事委员会。凡尔赛军攻入巴黎后,指挥第六区和第十一区的防卫,在街垒中英勇作战。5 月 28 日被俘遇害。——100。

乌里扬诺夫,弗·伊·——见列宁,弗拉基米尔·伊里奇。

X

血腥的尼古拉——见尼古拉二世(**罗曼诺夫**)。

责任编辑：曹　歌
装帧设计：汪　莹
版式设计：王欢欢
责任校对：陈艳华

图书在版编目（CIP）数据

社会民主党在民主革命中的两种策略/列宁著；中共中央马克思恩格斯列宁斯大林
　　著作编译局编译. -北京：人民出版社，2019.12
（马列主义经典作家文库）
ISBN 978－7－01－021656－0

Ⅰ.①社…　Ⅱ.①列…②中…　Ⅲ.①马列著作-马克思主义　Ⅳ.①A222

中国版本图书馆 CIP 数据核字（2019）第 275718 号

书　　　名　社会民主党在民主革命中的两种策略
　　　　　　SHEHUI MINZHUDANG ZAI MINZHU GEMING ZHONG DE
　　　　　　LIANGZHONG CELÜE
编 译 者　中共中央马克思恩格斯列宁斯大林著作编译局
出版发行　人民出版社
　　　　　　（北京市东城区隆福寺街 99 号　邮编　100706）
邮购电话　（010）65250042　65289539
经　　　销　新华书店
印　　　刷　北京新华印刷有限公司
版　　　次　2019 年 12 月第 1 版　2019 年 12 月北京第 1 次印刷
开　　　本　635 毫米×927 毫米 1/16
印　　　张　12.25
插　　　页　2
字　　　数　138 千字
印　　　数　00,001-10,000 册
书　　　号　ISBN 978－7－01－021656－0
定　　　价　48.00 元